MUJERES
AGOTADAS
Y CÓMO DEJAR DE SERLO

PILAR BENÍTEZ
MUJERES AGOTADAS
Y CÓMO DEJAR DE SERLO

*Cambia de hábitos
y duplica tu energía*

Grijalbo

Primera edición: octubre, 2015

© 2015, Pilar Benítez
© 2015, Miriam Pérez-Calvo, por las ilustraciones
© 2015, Penguin Random House Grupo Editorial, S. A. U.
Travessera de Gràcia, 47-49. 08021 Barcelona

Diseño de la cubierta: Penguin Random House Grupo Editorial / Gemma Martínez
Fotografía de la cubierta: © Getty Images

ISBN: 978-84-253-5343-7
Depósito legal: B-18.921-2015

Compuesto en Anglofort, S. A.

GR 5 3 4 3 7

Penguin
Random House
Grupo Editorial

*Cómo no, dedico este libro a todas esas
mujeres que se esfuerzan cada día por vivir con pasión,
dando lo mejor de sí mismas.*

*Y les diría: «No olvides nunca que para poder hacerlo
y cuidar de todo lo que te propones, vivir con buenos hábitos
es fundamental, no los descuides y verás cómo tu energía
se duplica y tu potencial emerge con fuerza. Ánimo,
no esperes más y aprende a cuidarte, vale la pena».*

Índice

El síndrome de la mujer agotada

Es un hecho: alrededor de los cuarenta años, cuando te reúnes con otras mujeres de tu edad con hijos, un tema de conversación recurrente es que estamos agotadas. El otro día leí un artículo en el diario *El Mundo* que aseguraba que en Inglaterra este síndrome, al que yo llamo «El síndrome de la mujer agotada», empieza a considerarse ya una epidemia. Por eso me pregunto: «¿Qué nos está pasando a las mujeres?».

En teoría, la sociedad debería contribuir a eso que llaman la «conciliación familiar», es decir, a que los padres y las madres puedan pasar tiempo suficiente con sus hijos sin dejar de atender sus responsabilidades profesionales, pero al final resulta que las mujeres acabamos haciéndonos responsables de casi todo: alimentar a la familia, cuidar a los demás cuando están enfermos, mantener la casa en orden, tener la ropa a punto, ayudar a los niños con los deberes... Y, por si eso fuera poco, no queremos ceder ni un ápice de nuestros logros en el terreno laboral porque sabemos, por la experiencia de nuestras madres y abuelas, que es fundamental ser independientes económicamente para no caer en situaciones desagradables con la pareja.

La psicóloga clínica María Jesús Álava Reyes explicaba, en una entrevista publicada en la revista *Diez Minutos*: «Los hombres se perdonan muy bien a sí mismos y a los demás, mientras que las mujeres perdonamos muy bien a los otros, pero somos demasiado autoexigentes y nos responsabilizamos de todo». ¿Te suena?

Muchas mujeres se sienten identificadas con esto. Tal vez nunca han pensado que son demasiado autoexigentes, pero en realidad se esfuerzan al máximo para tenerlo todo controlado, entre otras cosas porque el caos y el desorden les producen más estrés que estar siempre haciendo algo. Y eso, un día tras otro, acaba por agotarlas.

Muchos hombres ayudan: se ocupan de fregar los platos, se planchan su propia ropa, pasan el aspirador... Es de agradecer su colaboración, pero no se puede decir que esto sea exactamente «compartir las tareas». Aunque supone una ayuda, sigues teniendo la sensación de que eres la responsable de que todo funcione y que no te puedes relajar.

La mayoría de las mujeres se encargan de despertar a los hijos por la mañana y darles el desayuno para que lleguen puntuales a clase. Luego se van a trabajar, se ocupan de la casa y de la compra, atienden a los niños si se ponen enfermos, los llevan al médico, les compran la ropa (a veces también al marido), etc. Algunas tienen la suerte de que su madre, su suegra o una canguro recoge a los niños a la salida del colegio, pero luego vuelven a ser ellas las que les ayudan con los deberes, los bañan si son pequeños, les preparan la cena, el bocadillo del día siguiente y un largo etcétera de tareas. El marido suele llegar de trabajar muy tarde. Y, pobre, agotado.

Cuando lees sobre el tema, todos los expertos coinciden: hay que encontrar tiempo para una misma. Muchas lo intentan. Por ejemplo, se apuntan al gimnasio para hacer algo de deporte un par de veces por semana. Pero luego siempre hay algo más urgente o más importante, o bien llega el momento y están tan cansadas que lo último que les apetece es empezar a dar saltos en una clase de aeróbic. Y encima tienen que ver en la televisión o en la prensa las fotos de mujeres famosas con varios hijos y unos cuerpos que hasta las quinceañeras envidiarían.

Muchas mujeres acaban cayendo en un cansancio y un mal humor crónicos. En un artículo publicado en el diario *El País*, Mariana Fiskler, psicóloga especializada en mujeres, experta en temas de familia y escritora, decía: «El cansancio y el exceso de responsabilidades hacen que la mujer se torne irritable y que lo único que le interese al terminar sus deberes sea acostarse y dormir, con lo que los vínculos afectivos en torno a ella se debilitan. Después de haber puesto todo su empeño en que la familia funcione, se ha quedado sin energía para sí misma. Y todo el mecanismo falla».

Esto es exactamente lo que les ocurre a muchas mujeres.

PARA CAMBIAR HAY QUE ATREVERSE

No pienses que te hablo desde una posición alejada. Yo también he vivido el «síndrome de la mujer agotada». Hace años tuve un problema de salud grave que, después de algunas vueltas e incertidumbres, me llevó a la medicina natural y a una forma diferente de afrontar la vida. Luego seguí buscando recursos para poder atender todas mis responsabilidades y mi día a día sin volverme loca. Y finalmente, con el tiempo y la práctica, he logrado sentirme en armonía con mi vida y compaginar la crianza de mis cuatro hijos con una intensa y rica vida profesional.

Desde hace años hablo cada día con un buen número de mujeres a las que trato de ayudar de una manera u otra en mi consulta, en mis cursos y a través de mi página web www.sienteteradiante.com. Al cabo del tiempo me he dado cuenta de que se podrían clasificar en cuatro grupos según su situación o su actitud:

1. Las que sufren esa hiperactividad y ese agotamiento pero lo ven como algo normal porque lo han integrado y están convencidas de que la vida (en familia) es eso. Se han resignado y no se plantean la posibilidad de cambiar.

2. Las que se quejan de su vida, de que están agotadas, de que no tienen tiempo para ellas mismas ni para cuidarse, pero no se atreven a cambiar pues al menos tienen la situación bajo control y sienten que

pisan terreno conocido. Les reconforta pensar aquello de «más vale malo conocido que bueno por conocer».

3. Las que están mal y saben que tendrían que cambiar pero no saben cómo o no tienen la energía para averiguarlo. (Este grupo es cada vez más numeroso.)

4. Y las que intentan cambiar su forma de vida pero les resulta muy complicado por circunstancias diversas, principalmente porque no encuentran una manera eficaz de hacerlo, una buena metodología de transformación, con lo que acaban siempre volviendo a la situación de partida o logrando avances tan mínimos que se desesperan.

A las primeras les diría que la vida no es sufrimiento y que no tiene por qué ser tan dura; que pueden cuidarse y tener tiempo para ellas; que hay otras formas de vivir y que no tienen por qué resignarse o adaptarse a una situación que las hace infelices y que, con el paso de los años, incluso puede empeorar. Muchas de ellas acaban llegando a los cuarenta y tantos en muy malas condiciones físicas y de desgaste personal.

A las segundas les diría que para cambiar hay que atreverse, hay que lanzarse, hay que probar y arriesgarse. Les diría que dejen de lamentarse, que las cosas no ocurren por culpa de los demás sino por nuestras propias decisiones. Y que la energía que utilizan en quejarse la utilicen para hacer cambios.

A las terceras les recordaría que hay una forma eficaz de cambiar de vida, de recuperar la energía vital, de cuidarse, de sentirse mujer además de madre y de llevar una vida más satisfactoria, tanto en el presente como con vistas al futuro.

Y a las cuartas, que lo que les falta probablemente es un método para cambiar y consolidar los cambios y que en este libro lo van a encontrar.

MARTA PODRÍAS SER TÚ

Cada uno de los doce capítulos del libro empieza con un episodio de la vida de un personaje, Marta, que podrías ser tú o una amiga tuya o una hermana o una compañera de trabajo. Marta se da cuenta un buen día de que vive sin vivir en sí y que no puede seguir así. Decide ponerse a buscar soluciones. Le cuesta cambiar, pero se atreve. Y va experimentando poco a poco mejoras importantes.

Me gustaría que vieras en Marta un espejo. Nuestra protagonista nos hablará de su día a día, de sus problemas cotidianos y de sus pensamientos. Quizás te sientas identificada con ella en alguna de las cosas que explica y es posible que en otras no. Marta es madre de dos hijos, está casada y tiene un trabajo de responsabilidad. Es posible que no coincidas totalmente con su perfil: a lo mejor tú no tienes hijos, o tienes más que ella; quizás tu trabajo es aún más importante que el de Marta y te ocupa mucho más tiempo que a ella, o todo lo contrario; quizás tú no estás casada y tienes una gran vida social... Sea cual sea tu caso, espero que puedas verte reflejada en muchas de las situaciones que vamos a plantear en este libro. Y que las soluciones que voy a proponerte te sirvan para estar mejor: más tranquila, con más claridad mental, con más energía y con la sensación de estar viviendo la vida que tú quieres.

Marta no es sólo un personaje: es un ejemplo representativo de una generación de mujeres con una problemática única en la historia: mujeres que deben hacer compatible la vida familiar con unos horarios laborales extensos, intensos y exigentes. Se espera de nosotras que seamos unas buenas parejas, unas excelentes madres, unas profesionales competentes y, además, unas mujeres con buen aspecto y con una sonrisa en una boca de dientes perfectamente alineados y blancos. Pero tanta autoexigencia no se sostiene. Tenemos que priorizarnos y cuidarnos si no queremos vernos abocadas a sufrir cansancio crónico, un desgaste exagerado y, en general, un envejecimiento prematuro, o aún peor, enfermedades degenerativas. Nadie va a hacerlo por nosotras, así que tenemos que espabilar, no hay otra. Y ayudarnos entre nosotras para encontrar la manera de superar las dificultades, que no son pocas. Por eso este libro, además de ofrecerte un método para el cambio personal, tratará de motivarte para que no desfallezcas. Ésa es la función de los pequeños recuadros que encontrarás en cada capítulo y que he titulado «Píldoras de motivación». Son trucos para motivarte y para que el camino te resulte no sólo más llevadero, sino incluso agradable.

Las mujeres, cada vez más, tenemos un gran poder con nuestras decisiones. Por ejemplo, según las estadísticas, decidimos el 80 % de todo lo que se compra en los hogares. Según un estudio de Deloitte, las mujeres en el mundo controlamos un presupuesto de 28 trillones de dólares destinado al consumo, una cifra que crece año tras año. Sabemos manejar muy bien nuestros presupuestos para cubrir las necesidades de los que nos rodean, y las empresas que comercializan productos de consumo o servicios se han dado cuenta: hay gimnasios para mujeres, prendas y calzado deportivo exclusivo para mujeres, vinos con sabores más suaves dirigidos a mujeres e incluso hoteles pensados específicamente para las mujeres que viajan. Titulares como «El empoderamiento de la mujer» son frecuentes en blogs y revistas femeninas. Sin embargo, todo este gran poder no sirve de nada si luego estamos agotadas y no podemos aprovecharlo. Estamos aprendiendo a defender nuestros intereses y derechos en el mundo, y eso es importantísimo, pero si no aprendemos también a cuidarnos como mujeres no servirá de nada.

EL SECRETO ESTÁ EN CAMBIAR LOS HÁBITOS

Por tanto hay que atreverse a cambiar. No vale aquello de «Bueno, estoy mal, pero ya sé cómo manejarlo». Hay que vencer el miedo a salir de los lugares conocidos, pues no sólo hay vida más allá sino que hay una vida mejor. Tienes que estar segura y convencida de que quieres cambiar, si no te boicotearás constantemente con cualquier excusa.

El cambio en tu vida vendrá del cambio en tus hábitos. Evidentemente, este libro no lo hará por ti. Decirte lo contrario sería engañarte. Pero sí te ofreceré una manera de hacerlo que está probada en muchas mujeres y que sé que funciona. Lo que haré es darte las herramientas para que puedas hacerlo.

Tal vez estés dudando, así que déjame que te diga una cosa: cambiar tus hábitos es posible. Yo misma he conseguido cambiar muchos de los míos utilizando las pautas que te daré a continuación: dejé de fumar, empecé a comer mejor, a cocinar de forma más sana, a hacer ejercicio de forma regular, a ser consciente de mi respiración, a dedicarme unos minutitos de silencio todos los días, a reenfocar mis pensamientos y emociones siempre de forma positiva, a gestionar mejor todas mis tareas, etc. Y no sólo eso: he conseguido ser más organizada y productiva y he podido conseguir algunas de mis metas vitales, como compartir mis experiencias a través de una plataforma de servicios (www.sienteteradiante.com), escribir libros y ofrecer talleres. ¡Y he criado a cuatro hijos! De modo que si empiezas poco a poco, encuentras la motivación correcta y eres perseverante, lo conseguirás.

Mi intención con este libro es ayudarte a que tu vida sea mucho más sana, más simple y más enfocada; y transmitirte que puedes hacer todo aquello que desees siendo feliz y productiva. Puedes hacerlo, créeme. No hacen falta poderes especiales de *superwoman*, simplemente tienes que comprometerte a empezar a cambiar tus hábitos, uno a uno, sin prisas pero sin rendirte. Cambiar tus hábitos puede ser incluso divertido. De hecho, voy a tratar de que disfrutes de este viaje.

Está claro que no puedo solucionar tus problemas cotidianos ni las prisas, la multitud de tareas y las muchas responsabilidades que debes afrontar (como la mayoría de las mujeres de nuestra época), pero estoy convencida de que podré contribuir a que te tomes las cosas de otra manera, observes el mundo desde otra perspectiva y encuentres la fórmula para organizarte mejor y sentirte más sana y feliz.

No podemos cambiar nuestra constitución física: hay quien tiene una naturaleza más ágil, quien tiene más fuerza o quien es más resistente. Pero sí podemos incidir en nuestra condición física en función de cómo vivimos: nuestra alimentación, nuestra respiración, el ejercicio físico que hacemos y la naturaleza de nuestros pensamientos. Cuando hagas esto, dejarás de buscar la felicidad «ahí fuera» y empezarás a hacerlo dentro de ti, que es el único sitio donde la puedes encontrar.

PARA QUE EL MÉTODO TENGA ÉXITO

Como verás enseguida (o tal vez ya lo has visto, si te has detenido un momento en el índice), el libro está dividido en 12 capítulos que corresponden a 12 meses. Puedes empezar en cualquier momento del año, eso no importa. Lo que importa es que, una vez que empieces, sigas el orden que te propongo.

Cada capítulo corresponde a un nuevo hábito beneficioso que sustituye a otro perjudicial. Es decir, no tendrás que cambiarlo todo de golpe, lo cual sería una locura, sino una cosa cada mes. Eso sí, es superimportante que te comprometas con esos «retos de 30 días», es decir, que hagas con constancia los ejercicios o cambios que te propongo para ese mes. La razón es muy sencilla: hacen falta entre 3 y 4 semanas seguidas de práctica diaria para que un nuevo hábito se interiorice.

Uno de los principales problemas para incorporar nuevos hábitos es querer cambiar varios a la vez. Te recomiendo incluso que no te leas todo el libro seguido, sino que vayas leyendo cada mes el capítulo que te toque. Para que no te agobies. Algunas personas se entusiasman y quieren hacerlo todo de golpe, pero se frustran porque no consiguen resultados. Hay que ir paso a paso y seguir un método. Es como cuando quieres adelgazar o hacer ejercicio: si no adoptas un buen método empiezas a fallar y al final te desanimas y desistes.

Por mi experiencia, los cambios de hábitos no son algo que pueda tomarse a la ligera. Hace falta energía, intención y motivación, y eso es muy difícil si intentas cambiar varios hábitos a la vez. Te recomiendo enfáticamente que empieces con uno, apliques los consejos o ejercicios que te proporcionaré y luego, una vez que lo hayas incorporado, vayas al siguiente.

Sé que cuando una empieza un proyecto está excitada y motivada, con mucho entusiasmo. Pero te aconsejo que recojas toda esa excitación y la focalices en el primer hábito. Luego, cuando veas que lo has conseguido, te sentirás satisfecha y más motivada todavía. Piensa que de vez en cuando flaquearás, incluso después de creer que ya has interiorizado el nuevo hábito. Así que lo importante es mantenerte pase lo que pase. Si caes, vuelve a levantarte, sacúdete el polvo y sigue adelante. Roma no se construyó en una noche. No puedes pasar de pronto a ser organizada y disciplinada en todo, con el desayuno, con las comidas fuera de casa, con el ejercicio, con el sueño, etc. Date tiempo para hacer los cambios.

Hay pequeños trucos que ayudan a mantener el foco en el objetivo del mes: colgar posits o notas en lugares estratégicos de la casa o el despacho, ponerte alarmas diarias en el móvil, enviarte correos electrónicos a ti misma para recordarte la práctica y automotivarte, etc. Cualquier cosa que te sirva para mantenerte centrada es válida. Si te despistas o te desvías del objetivo, no te castigues, simplemente vuelve a intentarlo. Cambiar de hábitos es una habilidad, y como todas las habilidades necesita práctica. Ésa es la clave: la práctica. En ocasiones te resultará difícil, lo sé, pero debes tomártelo como una carrera de fondo, pensando que lo que hagas durante este año de cambio sentará unas bases firmes para una vida saludable durante el resto de tu vida.

No lo olvides: si no te cuidas tú, nadie lo va a hacer por ti. Así que ¡adelante!

MES 1

Comprométete a cuidarte

(Marta)

No puedo recordar cuándo fue la última vez que quedé con mis amigas. O simplemente que salí a pasear y a tomar un café en una terraza. La última película que vi en el cine fue una de Harry Potter, y de eso hace ya bastante tiempo. No es sólo que no tenga tiempo, es que no tengo energías... Ni ganas. Cuando llega la noche y consigo que los niños se duerman, lo único que deseo es tener cinco minutos de descanso para mí, fumarme un cigarrillo y leer un poco. Después caigo rendida en la cama. Mi marido ni siquiera se toma la molestia de pedirme sexo. Suerte, porque a mí se me ha acabado el repertorio de excusas.

Llevo semanas cansada y de mal humor. Al final acabo pagando mi malestar con los que menos se lo merecen: los que más me quieren. Ayer, por ejemplo, mi madre me llamó por teléfono mientras preparaba la cena y repasaba la tabla del 6 con mi hija de ocho años, que no quería meterse en la ducha hasta sabérsela de memoria (es muy responsable; ¿a quién habrá salido?). Respondí al teléfono con malos modos y sin dejar que abriera la boca le dije que estaba ocupada *y colgué. Más tarde la telefoneé para pedirle disculpas. Por suerte, no llamaba para nada importante. Si hubiera sido una emergencia, Dios sabe qué hubiera podido pasar...*

A veces me veo como uno de esos malabaristas de circo que aguantan un montón de platos girando al mismo tiempo y procurando que ninguno deje de girar para que no se caiga. Qué poco se parece mi vida a la que imaginaba hace años. Cuando iba a la universidad, soñaba con el día en que encontraría un trabajo, me dedicaría a mi profesión y disfrutaría de retos interesantes, conocería a mucha gente y viajaría por todo el mundo. Y lo conseguí. Empecé a trabajar antes de terminar la carrera y a los veinte ya tenía un puesto de cierta responsabilidad en una empresa. Trabajar me hacía feliz, me sentía realizada y cada nuevo proyecto suponía un desafío que me llenaba de energía e ilusión. Cambié un par de veces de empresa, mejorando mis condiciones salariales y aumentando mi nivel de responsabilidad. Llegar hasta donde he llegado profesionalmente me hace sentir orgullosa, porque nadie me regaló nunca nada y todo lo he conseguido gracias a mi esfuerzo personal.

Después conocí a Juan. Los años de noviazgo fueron maravillosos y llenos de experiencias enriquecedoras. Viajábamos, salíamos con amigos, organizábamos fiestas, íbamos al teatro... Hasta que llegó Elena, mi primera hija. El embarazo fue una gozada, me sentí en forma hasta el último día y nunca tuve que faltar al trabajo. Los meses de baja maternal también fueron idílicos. Pero entonces llegó el momento de volver a la oficina. Al principio lo peor fue no poder ver a mi bebé en casi todo el día, pero poco a poco el gran reto fue organizarse en casa. Buscar canguro, dejarlo todo a punto el fin de semana para que no faltara nada, pedir ayuda a abuelos y vecinas cuando surgía un imprevisto... Justo entonces me propusieron el ascenso de mi vida. Mi jefe me dijo que creía que estaba capacitada para acceder a la dirección de mi departamento. Me propuso un nuevo aumento de sueldo y suculentos beneficios sociales. El problema es que el nuevo puesto exigía viajar con mucha frecuencia y no tener horario entre semana. Así que lo rechacé.

Pasé una noche entera llorando por haber tenido que tomar esa decisión, pero era consciente de que no podía llegar a todo, de que mi familia me necesitaba, y sabía que no iba a sentirme cómoda en la oficina cada vez que tuviera que salir pitando por algo que sucediera en casa. Era lo mejor que podía hacer.

Desde entonces sigo con mi trabajo de ejecutiva de siempre, que no es poco, pero ahora tengo que soportar a una jefa solterona que no entiende lo que significa cuidar de una familia y se enoja cada vez que me ve hablando con la canguro por teléfono. Mi trabajo sigue siendo fundamental para mí, y lo hago lo mejor que puedo, alargando muchos días el horario para poder entregar las cosas a tiempo. Pero da la impresión de que nada es suficiente.

Anoche, cuando se durmieron los niños, después de recoger la cocina y ordenar el salón, entré en el cuarto de baño y empecé a desmaquillarme. Me quedé mirándome en el espejo y vi mis enormes ojeras y mi cara de agotamiento. Era como si hubiera envejecido de golpe. Se me cayó el mundo al suelo. Y le dije a mi reflejo: «Marta, ¿cómo has llegado hasta aquí?».

¿QUÉ ES LO QUE PASA?

Marta pertenece a esa generación de mujeres de la que te hablaba en la introducción, una generación ambiciosa que quiere estar al máximo nivel en el ámbito profesional y a la vez dar lo mejor como mujeres, como parejas, como madres, etc. En la historia no encuentro ninguna generación de mujeres que haya padecido un desgaste tan grande por querer estar a la altura en todos los frentes, y es obvio que eso nos puede pasar factura si no nos cuidamos bien. En esta tesitura, cuidarse adecuadamente no es una cuestión de capricho sino de supervivencia, como te iré mostrando a lo largo del libro. Tenemos que cambiar el chip y tomar las riendas de nuestra salud, porque nadie lo va a hacer por nosotras.

No te cuento nada nuevo si te digo que las mujeres que ahora tenemos entre treinta y sesenta años hemos tenido (y seguimos teniendo) que luchar mucho para hacernos un sitio en un mundo laboral muy competitivo e históricamente manejado por los hombres; además, no hemos querido perdernos la «aventura» de tener pareja, concebir hijos y formar una familia y un hogar. Lo queremos todo y no estamos dispuestas a renunciar a nada. Lo malo es que a veces no podemos estar a la altura de ese nivel de autoexigencia y acabamos estresadas, desbordadas y agotadas. Y, como somos así, encima nos sentimos culpables cuando no llegamos a todo, y de ahí a sentirnos inseguras va un solo paso. Pensamos que hemos fallado, que no llegamos a todo porque somos débiles, que podríamos hacerlo mejor pero no sabemos, etc. Es decir, empezamos a generar pensamientos negativos y autolimitantes.

A muchas nos pasa, por ejemplo, que por la falta de tiempo y energía nos descuidamos y empezamos a vernos mal, o de repente nos vemos mayores. O que vamos a comprarnos algo de ropa y de pronto nos decimos: «Eso a mí ya no me va a quedar bien». O nos angustiamos cuando nuestro jefe nos encarga un trabajo importante y pensamos: «No voy a saber hacerlo». Para colmo, nos comparamos con otras mujeres y nos juzgamos negativamente si no alcanzamos el nivel de exigencia que nos hemos impuesto nosotras solitas.

Al final, dudamos de nosotras mismas y aparecen la inseguridad y la autocrítica, un rasgo que describe a muchísimas mujeres. Pensamos: «¿Por qué hay algunas personas que parecen tan seguras de sí mismas y que nunca se equivocan mientras otras, sobre todo yo, nos quedamos enganchadas en nuestros propios pensamientos negativos?». Según la neuropsiquiatra Louann Brizendine, que ha escrito un libro sobre el cerebro femenino, hay un área de nuestro cerebro que se dedica todo el tiempo a pensar en negativo y a juzgar. Es la que te dice «estás gorda» o «tú no puedes». Aparece cada vez que tienes que relacionarte socialmente y se pone en marcha cuando los comentarios de la gente con la que estás hablando no son agradables. Esta parte del cerebro es el córtex anterior. En las mujeres es más grande que en los hombres, al igual que la parte que se dedica a la empatía, es decir, a la capacidad de conectar emocionalmente con los demás. Las mujeres somos más sensibles emocionalmente y por naturaleza nos volcamos en el servicio, en ayudar a los demás. Esto puede ser muy positivo socialmente, pero no lo es si nos entregamos tanto a los demás que nos olvidamos de nosotras mismas. Porque entonces, como si fuéramos un escorpión, acabamos picándonos con nuestro propio aguijón.

Marta se queja por su falta de energía y recuerda que cuando era mucho más joven podía comerse el mundo sin sentirse cansada. Quizás la diferencia radica en que a los veinte años todo lo que hacía era para ella: trabajaba para ser independiente, estudiaba para progresar, etc. Hoy la perspectiva ha cambiado. Marta trabaja para mantener a su familia y el resto del tiempo lo dedica a cuidarlos, ayudarlos, escucharlos y comprenderlos. ¡No queda ni un minuto para ella! La máxima «da y recibirás» se queda, en el caso de la mayoría de las mujeres, sólo en la primera parte de la frase. Según Mariana Fiskler, psicóloga especializada en mujeres, «hay que cuidar, ayudar y ser solidaria, sí, pero no a costa de olvidarse de una misma».

Como te decía más arriba, según la neurociencia, el cerebro femenino está programado, en mayor medida que el de los hombres, para la empatía y las relaciones sociales, la expresión verbal, los trabajos que requieren delicadeza (psicomotricidad fina) y la multifunción (o sea, lo que toda la vida hemos llamado «hacer más de una cosa a la vez»). Muchos autores defienden que estas habilidades deben marcar las líneas del liderazgo en las empresas del futuro, ya que garantizan una buena armonía entre los miembros del equipo y una visión más humana del trabajo. Sin embargo, parece que aún estamos lejos de encontrar esa fusión entre los valores de la femineidad y la realidad laboral y social. Nuestra sociedad actual se aprovecha de esta capacidad empática de las mujeres orientándola al cuidado y al servicio: los trabajos domésticos, el cuidado de los hijos y las personas mayores, etc. En mi opinión, no se trata de luchar contra esta realidad. Las mujeres tenemos unos valores que debemos admirar y respetar. De lo que se trata es de no dejarnos de lado a nosotras mismas.

Por tanto, el primer problema que hemos identificado gracias al relato de Marta es que muchas mujeres anteponemos hasta tal medida la familia y las obligaciones de todo tipo que descuidamos nuestro cuidado personal, y que llega un punto en que nos sentimos agotadas.

¿CÓMO PUEDES MEJORARLO? EL NUEVO HÁBITO

Lo primero es adquirir conciencia de que algo no funciona y aceptarlo, no engañarte pensando que no pasa nada, que basta con tomarte un refuerzo vitamínico o que ya te cuidarás cuando los niños sean mayores. Date cuenta de que si no estás bien es imposible que cuides a nadie bien, que críes a tus hijos con un buen talante, que atiendas bien a la gente de tu alrededor, que seas creativa o resolutiva en tu trabajo, etc. Todo lo que hacemos es reflejo de cómo estamos por dentro. Y si no estás bien, no podrás hacer bien todo lo que quieres hacer.

Lo segundo es algo que ya te apuntaba en la introducción y que siempre repito al inicio de mis cursos: si no te cuidas tú, no lo hará nadie. Cuando eres una niña, te cuidan tus padres, tus abuelos o, en general, las personas que se responsabilizan de ese rol. Pero cuando nos hacemos mayores nadie se responsabiliza más de nosotras que nosotras mismas. Tenemos que saber cuidarnos. Incluso aquellas que tienen la suerte de vivir en un entorno cálido y cariñoso, con muchas atenciones, no deben delegar la responsabilidad de cuidar de sí mismas. Por muy bien atendida o cuidada que estés, nadie mejor que tú sabe lo que te va bien y lo que te va mal. Nadie puede sentir lo que tú sientes, nadie puede saber cuándo necesitas un rato de silencio, nadie puede tomar por ti las decisiones que te convierten en lo que tú eres.

Es verdad que el entorno influye en nuestro bienestar, y que algunas mujeres viven circunstancias dramáticas que hacen que les resulte muy difícil cuidarse. Pero en una situación más o menos normal, en un país como en el que vivimos, tu estado es algo que depende fundamentalmente de ti. No eches la culpa a nadie de tu descuido, ni a tu marido ni al trabajo ni a nada. Porque en realidad depende de ti. Tu bienestar no depende de tu entorno, sino de ti (salvo en circunstancias extremas, como te digo).

Una vez has tomado conciencia de que debes coger las riendas de tu vida y dejar de culpar a las circunstancias o al entorno, tienes que asumir el compromiso de cuidarte. Éste quizás es el punto clave, pues sin esto, todo lo demás no servirá de nada, ya que tus pensamientos negativos boicotearán cualquier intento de cambio en tu vida con frases como «para qué», «esto es lo que hay y tienes que aceptarlo», «tampoco estoy tan mal, hay otras que están peor», etc. Nuestros pensamientos, nuestro diálogo interior, es el que marca nuestro estado de ánimo. Es muy diferente levantarse por la mañana pensando que el día está lleno de oportunidades y que podremos disfrutarlo, que salir de la cama y decidir que la rutina va a ser la misma de todos los días, anticipando el agotamiento, el cansancio y la frustración ante cualquier actividad. Pensar de forma negativa no sólo va a afectar a nuestro estado de ánimo, sino que seguramente será también responsable de que no desayunemos correctamente porque creemos tener mucha prisa o que no hagamos la compra de forma consciente y acabemos llenando el carrito de alimentos invadidos por conservantes y azúcares que lo único que harán será mermar aún más nuestra energía. O que no encontremos tiempo ni ánimos para jugar con nuestros hijos, hablar con nuestra pareja o salir a hacer deporte.

Por tanto, es fundamental que te comprometas y firmes un contrato contigo misma. Toma una hoja, una libreta o el procesador de textos de tu ordenador y escribe algo como:

> En fecha tal, en el lugar tal, yo, Fulanita de Tal, tomo frente a mí misma el compromiso de dedicar parte de mi tiempo a mi propio cuidado con el objeto de potenciar mi estado de salud física, mi nivel de energía y mi tranquilidad emocional y mental.
>
> Me comprometo a dedicar cada día un tiempo a incorporar a mi vida hábitos saludables y a no cesar en mi intención, superando los momentos en que mi motivación decaiga.

Y firma debajo, porque esto es un contrato. Contigo misma, pero un contrato al fin y al cabo.

¿CÓMO PUEDES HACERLO? SIGUE ESTOS PASOS

Una vez firmes este contrato contigo misma es importante que empieces a adquirir el hábito de observar tus pensamientos, porque sin duda te van a venir pensamientos negativos y la idea saboteadora de que lo que estás haciendo es una tontería.

Te voy a proponer tres ejercicios muy sencillos que tendrás que practicar a diario durante estos primeros 30 días y que luego tendrás que repetir de vez en cuando para consolidar el nuevo hábito de pensar en positivo.

Ejercicio 1:

Compra una libretita que te guste. Es importante que la encuentres bonita pues te va a acompañar durante unos cuantos meses. Si añades un bolígrafo de tacto y trazo agradables, mucho mejor. Abre la libreta por una doble página. En la de la izquierda pon este título: «PENSAMIENTOS NEGATIVOS». En la de la derecha pon: «PENSAMIENTOS POSITIVOS». A lo largo del día procura en varios momentos ser consciente de tus pensamientos, de lo que te dices a ti misma, de tu diálogo interior. Cuando encuentres un momento de calma —por ejemplo, antes de irte a la cama— anota en la página de la izquierda los pensamientos negativos que recuerdes de ese día. A continuación, en la página de la derecha anota los pensamientos opuestos. Por ejemplo, si pones a la izquierda «qué tontería esto de cambiar los hábitos», contrarresta poniendo a la derecha algo como «por fin estoy empezando a cuidarme de verdad; me lo merezco y es la mejor inversión que puedo hacer».

Ejercicio 2:

Es muy difícil seguir pensando en positivo cuando una tiene un montón de contratiempos a lo largo del día. Pero también es verdad que ante una misma situación se pueden tomar diferentes actitudes. Una puede pensar: «¡Qué injusto, todo me pasa a mí, qué mala suerte tengo, menuda racha que llevo...!». O bien: «Esto no ha salido bien, pero seguro que es por algo. He pinchado una rueda y llego tarde a casa, pero mientras llega la grúa voy a aprovechar para apuntar ideas en mi libreta, escuchar un poco de música o para llamar a esa persona que hace tiempo que no llamo porque nunca tengo tiempo».

Es una forma de estar en el mundo diferente que hace que te acaben pasando cosas diferentes. Si piensas que todo está interrelacionado, que lo que te pasa ahora es consecuencia de algo anterior y causa de lo que sucederá, que todo tiene un sentido y una sincronicidad, puedes encontrarle más sentido a las adversidades y a la vida.

El ejercicio consiste en intentar sacar siempre algo positivo de todo lo aparentemente negativo que te pase. Sigue intentándolo todos los días. No hace falta que te pasen desgracias, puedes ejercer esta forma de pensar con acontecimientos cotidianos más o menos triviales. Por ejemplo, habías previsto hacer pescado para cenar y resulta que no te acordaste de comprarlo. A lo mejor es una buena oportunidad para buscar una receta por internet y probar un plato nuevo con lo que tengas en la nevera.

Ejercicio 3:

Tienes que dejar de sentirte culpable por cuidarte, y eso requiere práctica, como todos los nuevos hábitos. Muchas mujeres recuerdan sus embarazos como las épocas más felices de su vida. ¿Y sabes por qué? Porque en esos momentos sentían que podían cuidarse sin ningún cargo de conciencia y sin el temor de que en su entorno pensaran que eran unas egoístas. Podían tumbarse en el sofá o pedir que les trajeran un vaso de agua sin sentirse culpables. Pero te diré una cosa: no hace falta estar embarazada para cuidarse.

Conozco a muchísimas mujeres y sé que muchas sienten que su misión en el mundo es ejercer de cuidadoras. Si es tu caso, tienes que darte cuenta de que el cuidado de los demás empieza por cuidar de ti misma. Si tú no estás de humor, ¿cómo vas a transmitir calma a tu familia? Si tú no tienes energía, ¿cómo se la vas a dar a los demás?

Tienes que acostumbrarte a cuidarte. Aprender a darte a ti misma. Y a pedir ayuda. Por eso, durante estos primeros 30 días de cambio vas a permitirte pedir ayuda siempre que te veas agobiada o sin tiempo para ti. Es todo un aprendizaje que te sorprenderá, y puede que de forma muy gratificante.

Tal vez ya tengas incorporados los hábitos que te propongo en este primer capítulo: ser consciente de tus pensamientos, tratar de encontrar siempre una visión positiva de lo que te pasa y no sentirte mal por cuidarte y dedicarte tiempo. En ese caso, puedes pasar directamente al capítulo 2. Estos principios son importantes para comenzar con el cambio de hábitos, pero si consideras que ya los tienes asumidos empieza directamente con el siguiente hábito.

PÍLDORA DE MOTIVACIÓN

Empieza hoy mismo y observa qué pasa.

No procrastines, no lo dejes para mañana. Simplemente empieza. No pienses en cómo lo vas a hacer mañana o la semana que viene. Empieza ahora mismo, porque cada día que pase te costará menos practicar los nuevos hábitos y te sentirás con más energía y más seguridad.

Haz tu compromiso tan público como te sea posible: ponlo en tu facebook o en tu blog, díselo a tus familiares y a tus amigos, comprométete con una buena amiga y envíale correos con tus progresos, etc.

Es verdad que no somos robots y siempre podemos tener un momento de flaqueza, un mal día. Por eso, haz un pacto contigo misma: «Si estoy muy agobiada o cansada, me tomaré un día de descanso en mi nuevo hábito, pero no más. No voy a dejar que pasen dos días sin haber dado un paso hacia mi nueva vida».

¿Por qué voy a seguir adelante?

Porque he adquirido un gran compromiso conmigo misma: voy a cuidarme

MES 2

Sustituye el azúcar
y el café

(Marta)

Las siete. Suena el despertador y tengo la sensación de no haber dormido más de dos horas, aunque ayer procuré irme pronto a la cama porque hoy me espera un día ajetreado. Mi cabeza está embotada, me duelen todos los músculos del cuerpo y creo que necesito dormir un día entero para recuperarme.

Me preparo un café bien cargado para intentar despertarme mientras pongo en marcha al resto de la familia. No entiendo por qué me siento así. Cuando tenía veinte años era capaz de levantarme a las seis de la mañana para ir a trabajar hasta el mediodía, viajar después a la universidad para asistir a mis clases y pasarme hora y media en el gimnasio antes de volver a casa por la noche. Y no me faltaba energía, al contrario, me sentía capaz de comerme el mundo. ¿Qué me ocurre ahora?

En la oficina me esperan montañas de expedientes. Vuelvo a prepararme otro café para enfrentarme a ellos. El teléfono no deja de sonar y tengo que controlar mi mal humor para no ser descortés con los clientes. No estoy enferma, sólo cansada y malhumorada.

Una compañera de trabajo me sugiere que tome ginseng, que proporciona energía. Bajo un momento a la farmacia y compro un bote. Le añado un complejo vitamínico muy caro que la farmacéutica ha elogiado con fervor. Vuelvo al despacho y me tomo una pastilla de cada. «No esperes que te haga efecto enseguida», me dice mi amiga. «Debes tomarlo varias veces al día y en una semana o así te encontrarás mejor.»

Por la tarde, después de comer un plato combinado en el bar de abajo, me tomo otra cápsula de cada y otro café. Vuelvo al despacho y enciendo el ordenador para seguir con mi tarea. Al cabo de unos minutos empiezo a sentir palpitar mi corazón como si fuera a salirse del pecho. «Creo que me he pasado con el café, ¿alguien tiene una valeriana?»

A medida que avanza el día me doy cuenta de que tengo que tomar las riendas de esta situación. Cuando llego a casa, a duras penas preparo una cena rápida para mi marido y los niños: unos macarrones que sobraron del día anterior, unos escalopes de ternera rebozados y una ensalada que nadie prueba. Termino de revisar unos informes y, por fin, me meto en la cama. Ése es el momento del día que Juan y yo aprovechábamos antes para explicarnos lo ocurrido durante el día, comentar anécdotas sobre los niños y hacer el amor. Hoy, cuando Juan se acerca a mi oído y me besa en el cuello, le respondo con un gruñido. Él recibe la señal, se aparta, y empieza a contarme algo sobre su jefe. «Ya me lo explicarás mañana, cariño, ahora estoy muy cansada...»

Noto su disgusto y mi estómago se encoge por el senti-

miento de culpabilidad, pero mi energía no da para más. Aun así, tardo un par de horas en dormirme.

Al día siguiente tomo una decisión y pido hora con mi médico de cabecera. Si me ocurre algo, tengo que averiguar qué es, y lo primero es que me vea un profesional. El doctor me hace todo tipo de preguntas sobre mis hábitos y mis síntomas. «¿Tomas algún tipo de medicación? ¿Padeces alguna alergia? ¿Has tenido enfermedades importantes? ¿Fumas? ¿Haces ejercicio regularmente? ¿Bebes alcohol?» Las preguntas de rigor. Siempre he sido una mujer sana, fumo y bebo ocasionalmente y procuro ir al gimnasio al menos una vez por semana. El doctor no ve motivos que expliquen mi sensación de cansancio y propone una analítica. «Haremos una analítica completa, incluyendo el hierro para ver si tienes un poco de anemia, y también la tiroides. Si la causa de tu cansancio es fisiológica, el análisis de sangre nos lo dirá.»

Al cabo de una semana vuelvo a la consulta. La sala de espera está a rebosar, hay por lo menos cinco personas delante de mí. Espero pacientemente mi turno mientras por teléfono atiendo unas cuantas llamadas impostergables. Cuando me toca entrar, veo al doctor estresado y alterado por el exceso de trabajo. «Vamos bien», pienso. El médico abre mi expediente y revisa los resultados de los análisis. «Todo está perfectamente», me dice. «Estás sana como una manzana.» «¿Cómo es posible? No puedo estar inventándome este cansancio y esta falta de energía», pienso. «Y ¿a qué puede deberse mi fatiga?», le pregunto. «Seguramente es estrés», dice él. «Intenta relajarte.»

Casi me empuja hacia la puerta porque aún tiene que atender a una docena de pacientes. Salgo de la consulta más triste de lo que entré, porque creía que obtendría respuestas y ahora no tengo ni idea de dónde buscarlas.

Me doy cuenta de que no puedo seguir así. Algo me ocurre y debo averiguar qué es. Por la noche, cuando todo el mundo en casa duerme, abro la tablet y busco en internet. Encuentro un artículo que habla de las causas del cansancio físico en casos como el mío. Dice que pueden ser muy variadas:

1. Las hormonas

Esos fastidiosos cambios de humor relacionados con el ciclo menstrual pueden ser debidos a los cambios hormonales. A lo largo del ciclo menstrual, los ovarios producen estrógenos y progesterona. Una semana antes de que te venga la regla, más o menos, los niveles de progesterona están en lo más alto y después caen estrepitosamente, lo que puede producirnos cansancio e irritabilidad. El síndrome premenstrual es una de las causas de estos cambios repentinos en los niveles hormonales. También ocurre durante la menopausia, cuando la progesterona prácticamente desaparece.

2. La cafeína

La cafeína, aunque se tome con moderación, puede producir ansiedad. Es una sustancia estimulante y adictiva. Cuando nos volvemos adictos a la cafeína podemos padecer síntomas como migrañas, fatiga y mal humor.

3. Hambre

El cerebro se alimenta de glucosa. Si tus niveles de azúcar en sangre fluctúan de forma irregular, te sentirás mal, estarás irritable y te costará concentrarte.

4. Las ondas electromagnéticas

Hay estudios que demuestran que las ondas que producen los aparatos electrónicos pueden alterar nuestro descanso y, en consecuencia, provocarnos fatiga e irritabilidad. El ordenador, el móvil, el piloto de la televisión, la luz del despertador digital o dejarse la wifi activada por la noche puede tener efectos sobre nuestra actividad cerebral durante el sueño.

5. La alimentación

Las chucherías que comes para que se te pase el mal humor pueden ser un mal remedio. Los alimentos industriales ricos en grasas saturadas (como la bollería y las patatas chips) pueden provocar enfermedades. Además, hay estudios que dicen que estos alimentos también pueden perjudicar tus capacidades intelectuales. La comida basura provoca interferencias en las conexiones entre nuestras células cerebrales.

6. La tiroides

La glándula tiroides fabrica hormonas que regulan nuestro metabolismo. Si la glándula no fabrica suficientes hormonas, nos sentimos cansadas, tristes y deprimidas. Este trastorno se llama hipotiroidismo. También puede provocar aumento de peso, un exceso de sensibilidad al frío, sequedad y palidez en la piel, estreñimiento y fragilidad del cabello y las uñas.

Finalmente tomo una decisión: voy a pedir ayuda. Un grupo de amigas me ha recomendado que consulte una plataforma online que facilita a las mujeres formación y acompañamiento para aprender a cuidarse y mejorar sus hábitos. Se llama www.sienteteradiante.com. ¡El nombre me gusta! Me han insistido en que me apunte al curso online de Pilar Benítez, una experta en gestión personal que al parecer comparte trucos muy útiles para enfrentarse al día a día. Necesito estar bien, no sólo por mí, sino también por las personas a las que quiero y para poder atender mis responsabilidades con seguridad y serenidad. Eso es lo que necesito: serenidad, claridad mental y capacidad de organización.

¿Qué es lo que pasa?

Marta se da cuenta de que tiene que hacer algo y empieza a buscar ayuda. Es una mujer inquieta, con iniciativa, y necesita entender qué le está pasando para poder encontrar una solución. Por eso va al médico y se informa por internet, pero da con una experta en gestión personal que guía, aconseja, estimula y transmite coraje a otras mujeres para que desplieguen su potencial al máximo, y lo hace compartiendo su experiencia para que mejoren sus hábitos y así puedan estar vitales, centradas, y conseguir sus objetivos en la vida. Marta también descubre que puede haber distintas causas que expliquen su estado: las hormonas, una mala alimentación y un mal descanso. Nos iremos ocupando de todas ellas para que no quede ningún cabo suelto y puedas recuperar tu energía, sea cual sea el origen del problema.

Vamos a empezar ocupándonos de dos productos que tienen un efecto contraproducente, que aparentemente te dan un chute de energía pero que después te hunden en el pozo de la impotencia: el azúcar y el café. Debes tener una cosa clara: lo que comes afecta a tu estado físico y a tu estado emocional. Y el azúcar y el café son alimentos que nos alteran mucho y nos aportan poco o nada.

El azúcar, tanto el blanco como el moreno, tiene múltiples efectos negativos para el organismo. Recientemente, la Organización Mundial de la Salud ha reducido la cantidad diaria aceptada de azúcar a cinco cucharaditas, frente a las diez que aceptaba antes, porque se ha demostrado que nos desmineraliza, acidifica el organismo, altera la flora intestinal y puede producir problemas de peso, enfermedades del corazón, problemas dentales y diabetes.

El azúcar, además, es una sustancia adictiva. Un estudio científico realizado en 2010 demostró que la mayoría de la gente no es consciente de la cantidad de azúcar que toma al día, ya que mucha está «escondida» en alimentos que compramos en el supermercado, como los yogures de fruta, los zumos y muchos platos precocinados. Algunos de ellos contienen hasta ocho cucharaditas de azúcar. Por eso es muy importante leer las etiquetas de los productos que compramos, para saber si tienen azúcar añadido. Lo encontrarás con nombres como sacarosa, dextrosa, fructosa o sirope de glucosa.

La miel pura y sólida, procedente de panales silvestres y que no ha sufrido ningún proceso ni manipulación es un buen alimento y una buena medicina para determinadas dolencias, aunque siempre en pequeñas cantidades. Pero la mayor parte de la miel que encontramos en los comercios ha sido elaborada proporcionando azúcar a las abejas para que la producción sea más rápida.

La fructosa, que algunas personas creen que puede sustituir al azúcar, es muy perjudicial para quienes tienen problemas cardiovasculares y para los diabéticos. La fructosa que encontramos en el supermercado es altamente refinada y tiene un poder el doble de endulzante que el azúcar. Puede provocar arteriosclerosis y colesterol.

En cuanto a la sacarina y los endulzantes químicos, hay numerosos estudios que cuestionan su seguridad. El sorbitol de la sacarina podría producir cataratas, y el aspartamo (el que utiliza la industria para endulzar refrescos light, por ejemplo) perjudica nuestras capacidades cognitivas a largo plazo, y podría tener relación con enfermedades neurodegenerativas como el párkinson o el alzhéimer.

El café no es tan perjudicial como el azúcar, pero es recomendable reducir el consumo al máximo e incluso suprimirlo, pues a la larga perjudica tu sistema nervioso y favorece el envejecimiento.

¿CÓMO PUEDES MEJORARLO? EL NUEVO HÁBITO

Nuestro cerebro entiende mucho mejor que sustituyamos una cosa por otra en lugar de suprimirla. Por tanto, el azúcar, la bollería y otros productos dulces (o sea, todo lo que contenga azúcar), vamos a tratar de sustituirlos por otros alimentos que nos aporten el sabor dulce. Porque todos los sabores son necesarios: hay que comer cosas dulces (también saladas, ácidas, picantes y amargas), pero no tiene por qué ser azúcar, y mucho menos endulzantes químicos. Los mejores alimentos dulces que existen, aunque te sorprenda, son los que nos aportan azúcares complejos, como los granos integrales, las verduras y las frutas, a los que podemos sacarles mucho partido, como veremos un poco más adelante. De momento, si lo que quieres es endulzar un té o un postre, puedes recurrir a las melazas de cereales. Las hay de distintos cereales: de arroz, de avena, de quinoa, de cebada, de maíz o de trigo. La más común es la de arroz y la más espesa es la de cebada. Las melazas son muy ricas en maltosa, fácil de digerir y que, a diferencia de la sacarosa del azúcar común, aporta minerales y vitaminas y nos proporciona energía duradera sin producir picos de glucosa en sangre.

Los azúcares simples son combustibles que duran muy poco y tienen efectos indeseables: acidifican la sangre, desequilibran el pH, alteran la flora intestinal, provocan dispersión y falta de concentración, eliminan la vitamina B y alteran el sistema nervioso, producen caries, ocasionan inquietud y fluctuaciones en el estado emocional, etc. El sabor dulce nos tonifica, pero debemos tomarlo de fuentes menos artificiales y que nos proporcionen energía a largo plazo.

En cuanto al café, nos gusta porque nos despeja la mente, es un alimento caliente y amargo, por lo que contribuye a ayudar a la digestión y es laxante. Esta última es la razón por la que muchas personas lo toman. Si es tu caso, no te preocupes, pues ya verás cómo, con el cambio de alimentación que iremos haciendo, no lo necesitarás.

Es recomendable reducir al máximo el consumo de café e incluso suprimirlo si es posible, porque a la larga perjudica el sistema nervioso y favorece el envejecimiento. Además, aumenta el riesgo de infarto de miocardio, de cáncer de páncreas, hígado y vejiga, sobre todo en personas con una alimentación rica en carnes y grasas. Para colmo, el ácido del café afecta a las vellosidades del intestino, haciendo más difícil la absorción del calcio, entre otros minerales. Por este motivo, su consumo es todavía menos recomendable cuando nos acercamos a la menopausia.

¿CÓMO PUEDES HACERLO? SIGUE ESTOS PASOS

Durante el segundo mes vamos a incorporar un nuevo hábito: dejar totalmente el azúcar y reducir al máximo el café. Hay que mantener esto durante todos los días sin excepciones, de lo contrario no se convertirá en un hábito. Te recomiendo que si fallas más de dos días seguidos vuelvas a empezar con el período de 30 días.

Para empezar, anota en tu agenda, en cada uno de los 30 días, «No azúcar, no café». Se trata de que cada día recibas visualmente el mensaje del nuevo hábito que estás trabajando y que lo tengas presente. Esto no es gratuito y te va a ayudar, por tanto no lo descuides. En el primero de esos 30 días, anota además: «Comprar sustitutos del azúcar y sustitutos del café». Y hazte una lista de la compra con lo que te explicaré a continuación.

Vamos a utilizar sustitutos del azúcar para todo, desde endulzar un té a elaborar una tarta o una crepe. Te recomiendo los siguientes:

- Las melazas de cereales. Son parecidas a la miel, pero más ricas en minerales. Las hay de arroz, maíz, avena, quinoa, etc. Te recomiendo chupar una cucharada cuando tengas antojo de algo dulce o estés muy tensa e irritable. Puedes tener en casa siempre a mano un bote de melaza de arroz para endulzar tus comidas y bebidas.

- La estevia, que se comercializa en diferentes formas: en extracto, en pastillas, en polvo, etc. Es muy endulzante y es apropiada para las personas con diabetes. Un truco: lleva siempre encima estevia en comprimidos, así cuando tomes un café o un té fuera de casa no tendrás que recurrir al azúcar ni a la sacarina.

- También tienes las frutas secas: pasas, orejones, ciruelas pasas, etc. Son ideales para incorporarlas a los pasteles o para ese momento de la tarde en que te apetece algo dulce.

- Hay mermeladas sin fructosa ni azúcar, endulzadas con extracto de manzana. Este concentrado, por ejemplo, te puede servir para endulzar tartas u otros postres (y las melazas de cereales también).

- Por último, el sirope de ágave: es un jarabe endulzante que se obtiene al procesar y refinar un producto natural, el ágave, sumamente rico en fructosa. Su calidad no es comparable a la de las melazas, que son mucho más nutritivas y saludables.

Como veremos más adelante, es importante que te vayas hidratando durante el día, por lo que te aconsejo lo siguiente: prepárate un termo con algún té o infusión que te guste endulzado con regaliz. Es una forma de hidratar y mineralizar el cuerpo durante la jornada laboral, evitando así esos horrorosos cafés de máquina y otro tipo de bebidas industriales endulzadas con productos nada aconsejables. Iremos introduciendo cambios en los hábitos alimentarios que te aportarán energía durante todo el día, de manera que no tengas esos bajones de azúcar que hacen tan deseables los pastelitos, los bollos, las sodas, etc. Ah, y ahora que menciono el tema de la bollería industrial: si quieres que tus hijos estén más tranquilos y concentrados en sus tareas, no les ofrezcas bollería azucarada, mejor un buen bocadillo, como veremos más adelante.

El truco del termo te ayudará también a ir dejando el café, otro de los objetivos de este segundo mes de cambio. Si te gusta mucho el sabor del café y quieres disfrutarlo varias veces al día, puedes sustituirlo por cafés de cereales. Existen numerosas variedades en las tiendas de productos ecológicos y puedes prepararlas con leches vegetales o directamente con agua. Su sabor es delicioso y no tiene ningún efecto negativo sobre tu sistema nervioso.

Si eres de las muy cafeteras, es decir, si tomas tres o más cafés al día, no lo dejes de golpe, ya que si lo haces puedes experimentar síntomas como bajadas de tensión. De entrada, durante 15 días ponte como objetivo tomar sólo un café al día y no tomar durante el fin de semana. Y durante los 15 siguientes toma un día sí y uno no (o sea, tres a la semana), es decir, redúcelo hasta poder abandonarlo al final del mes.

Más que eliminar el café, se trata de sustituirlo. Tenemos dos grandes grupos de sustitutos del café:

- Los tés e infusiones
- El café de cereales

Un buen sustituto para las mañanas, si lo que quieres es despertarte, es un buen té negro, que tiene bastante teína, o un té verde. Ya sé que al principio lo encontrarás raro, pero poco a poco, con paciencia y alegría, te acostumbrarás y te sentará muy bien, pues los efectos son mucho mejores.

Hoy en día es fácil encontrar buenos tés. Procura además que sean de origen ecológico para evitar los pesticidas y herbicidas, entre otros productos tóxicos. Además del té negro y el té verde, están el té rojo, que es también adelgazante, y el té blanco. Hay dos tés menos conocidos en nuestro país, como el té bancha y el té kukicha, muy ricos en minerales y sin teína. Son ideales si la teína te altera mucho, o bien si quieres tomar un té por la tarde o después de cenar. El té rooibos, por su parte, es suave y armonizador y se puede encontrar de distintos sabores: vainilla, naranja, etc.

Por otro lado tienes los tés picantes, muy populares, que suelen estar especiados con jengibre, pimienta, clavo, etc. Son muy recomendables cuando tenemos sensación de frío, sufrimos digestiones lentas o hinchazón de barriga. Por el contrario, no lo son si tenemos sofocos, picores, insomnio, irritación y otros síntomas de calor interno.

Además de los tés, hay una variedad infinita de infusiones deliciosas. Con el tiempo seguramente valorarás esta diversidad de sabores, e incluso te divertirás yendo a comprar tés e infusiones o escogiendo unas tazas bonitas para tomarlos. De momento acostúmbrate a tener un buen surtido en el trabajo y en casa, así como una taza que te guste en cada lugar, para que te resulte fácil tomarlos y evitar la tentación del café. Con los tés que contienen teína obtendrás el efecto estimulante que ahora obtienes del café, pero sin todos sus efectos secundarios.

PÍLDORA DE MOTIVACIÓN

Algo que ayuda a sobrellevar los cambios es premiarse. Es importante que te vayas recompensando cada cierto tiempo.

Cuando mis hijos eran pequeños, recuerdo que les colgaba de la nevera un dibujo de una escalera con siete escalones y cada día que se acordaban de lavarse los dientes poníamos una pegatina amarilla en un escalón. Si al final de la semana se habían lavado los dientes todos los días, tenían un pequeño premio. Al final se los lavaban por obtener el premio, y además por la satisfacción de ver todas las pegatinas amarillas en su escalera semanal.

Los adultos también nos podemos motivar a base de recompensas, ya sean inmediatas o a largo plazo. En tu caso, la mejor recompensa será la salud y la energía que vas a tener a medio plazo, pero como eso queda un poco lejos, puedes premiarte antes con algo que te guste.

Por cada miniobjetivo (por ejemplo, por cada semana que no tomes azúcar), recompénsate con uno de esos premios. Eso sí, que el premio sea coherente con tus nuevos hábitos: no tendría mucho sentido que después de una semana sin comer azúcar te zamparas una tableta entera de chocolate con leche.

¿Por qué voy a seguir adelante?

Porque ahora sé que el azúcar me acidifica, me roba minerales, me desconcentra, etc. Por eso lo voy a sustituir por endulzantes saludables como las melazas, la estevia, etc. Y que el café me envejece, me estresa y aumenta el riesgo de sufrir enfermedades cardiovasculares. Por eso lo voy a sustituir por tés, infusiones y café de cereales.

MES 3

¡Organización!

(Marta)

Cuando mis hijos eran bebés no veía el momento de salir del trabajo para ir a abrazarlos y darles el pecho, ver cómo habían cambiado en tan sólo unas horas y olvidarme del mundo a mi alrededor. En esa época no me preocupaban las comidas ni las cenas ni las coladas ni lo que pensaran mis jefes en el trabajo si salía un poco antes para estar unos minutos extra con mis pequeños. Era muy feliz.

Ahora ya son más grandes, van al cole y mi santa madre (santa en toda la dimensión de la palabra, ya que no ha habido nadie en toda mi vida familiar que me haya ayudado más que ella) los recoge, los lleva a casa y les da la merienda. Ella misma se encarga de comprar el pan para los bocadillos, y a veces incluso les prepara un delicioso bizcocho casero de algarroba y chocolate cuya receta le pasó la dependienta de la tienda de productos naturales de su barrio. A los niños les encanta.

Yo nunca encuentro el momento para salir del trabajo. Siempre hay una llamada, algo que debe entregarse a primera hora del día siguiente y que no quiero tener que hacer por la noche en casa o una reunión de última hora por alguna cuestión imprevista que mi jefa prefiere comentar por la tarde «porque es más tranquila que la mañana». Cuando ocurre esto, mi ciclo nervioso se pone en marcha y, anticipando todo lo que tengo que hacer más tarde en casa, la tensión me provoca mal humor y dolor de cabeza. Cuando por fin puedo salir, aprovecho para pasar por el supermercado a comprar algo para la cena y me voy directa a casa.

Por suerte, no me ha pasado nunca lo que le ocurrió el otro día a mi amiga Maite. Ella está separada, tiene tres hijos pequeños y en casa la ayuda una asistenta que se encarga de las comidas, la limpieza y los niños. Un día, cuando salíamos del despacho después de una de aquellas reuniones intempestivas organizadas por nuestra eficiente jefa, el rostro de Maite se puso blanco. «¿Qué pasa?», le pregunté. Me miró con los ojos llenos de terror y me dijo: «Me he olvidado de que hoy tenía que ir a recoger a los niños al cole porque Charo tenía que ir al médico».

La agarré del brazo, paré un taxi y nos metimos dentro cuando todavía no había frenado. Le dije al taxista que fuera al colegio de los hijos de Maite como si su vida dependiera de ello. En el taxi, Maite recibió una llamada: era la directora, que se había llevado a los niños a casa porque no habían conseguido localizar a nadie de la familia. Cuando colgó, Maite se desmoronó y empezó a llorar. La abracé e intenté consolarla:

—No ha pasado nada, los niños están bien.

—Sí, pero podría haber pasado...

Aquel episodio me hizo pensar en lo difícil que resulta estar en todas partes a la vez y no fallar en ninguna. Maite es una excelente profesional y una madre maravillosa, pero también es un ser humano con sólo una cabeza y dos manos. No puede multiplicarse. Sin embargo, ella cree que sí debería hacerlo, y se siente culpable cuando algo no sale bien.

Yo ya he empezado a rellenar mi libreta con mis pensamientos negativos y positivos, tal como explicó Pilar en el taller online al que me apunté. Le voy a regalar una a Maite para que ella también haga el ejercicio. Sólo llevo unas semanas practicando, pero tengo una sensación de mayor control sobre lo que ocurre a mi alrededor. Desde que presto atención a mi forma de pensar e intento encontrar la manera positiva de ver las cosas, es como si hubiera un poquito más de luz: más conciencia sobre mi vida y mis actos. Es como si estuviera más presente. La cháchara interior no me distrae de lo verdaderamente importante, y cuando aparece, al menos soy consciente de que los pensamientos negativos me están invadiendo. En esos momentos intento parar, cuento hasta diez, y me pongo a hacer algo que los obligue a detenerse, como prepararme un zumo o salir a dar una vuelta.

No es fácil dominar el pensamiento, pero creo que si me lo propongo lo voy a conseguir.

De todos modos, necesito herramientas para organizarme mejor. Sé que existen sistemas de productividad personal que ayudan a organizarse y a hacer un seguimiento de los asuntos pendientes. Ya sé que no es posible tener el control absoluto sobre todas las cosas, pero me gustaría aprender a

establecer prioridades y marcar un orden en mi vida para te-
ner un poco de tranquilidad, de sensación de orden. Esto me
ayudaría a relajarme y a liberarme de mi estrés perpetuo.
Una de las cosas que más nerviosa me ponen es tener la sen-
sación de que me estoy olvidando de algo. Me hace ponerme
de mal humor y después no hago nada bien en todo el día.

Maite me pasó una entrevista con David Allen, un experto
en este tema, muy interesante. Propone ejercicios semanales
sencillos para mantener «un control saludable de la vida»,
identificar temas pendientes, no dejar que se te pasen fechas
importantes en el calendario, buscar tiempo para nuevos
proyectos y no ir relegando eternamente las cosas que son
importantes para nosotros: nuestra misión en la vida. A ve-
ces estamos tan inmersos en la vorágine del día a día que nos
olvidamos de nuestros sueños.

Quizás Pilar pueda enseñarme algún método sencillo para
organizar las muchas ideas que tengo en la cabeza, desde temas
del trabajo hasta acordarme de ese libro que quiero comprar,
los recados domésticos que no se pueden postergar, los restau-
rantes que quiero visitar la próxima vez que viaje al congreso
de Londres, la exposición que no me puedo perder, o acordar-
me de coserle el dobladillo a ese pantalón que todavía no he
podido estrenar porque me va un poco largo. ¿Existirá algún
modo de poner todas esas ideas y deseos en orden, y no ver
cómo pasa el tiempo sin prestar atención a cosas que para mí
son importantes por culpa de la inercia inexorable del día a
día?

¿QUÉ ES LO QUE PASA?

Está claro que Maite y Marta, como cientos de miles de mujeres que tenemos que compaginar la vida familiar con la profesional, sufren un estrés casi permanente. Y está claro que tienen que cambiar algo en su vida, porque la tensión las lleva a olvidar cosas importantes o incluso, por desgracia, a sufrir accidentes que un mal día las obligan a parar. Sin embargo, se sienten atrapadas, corriendo siempre en una rueda de hámster de la que no ven cómo salir. Afortunadamente, Marta ya ha empezado a ser más consciente de su situación y es capaz de afrontar con un poco más de calma el ajetreado día a día. Pero sigue sintiendo que algo se le escapa y que necesita una forma de organizarse mejor para reducir el estrés. De eso justamente nos vamos a ocupar ahora.

A veces, muchas mujeres sentimos como si tuviéramos la cabeza llena de posits amarillos dando vueltas. En cada uno pone un encargo o una acción diferente, algunos domésticos, otros del trabajo, otros personales... Por ejemplo:

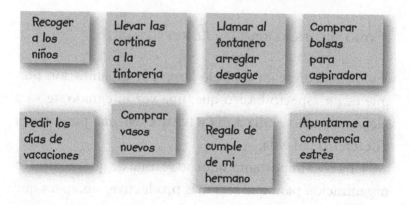

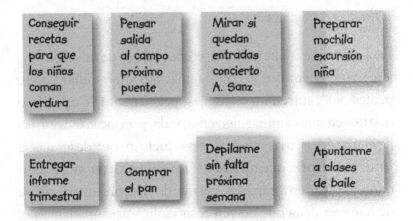

Y podría seguir casi hasta el infinito...

Si cada cosa que tenemos en el cerebro fuera un posit, sería todo un mar revuelto de color amarillo. No quedaría ni un pequeño espacio de otro color.

Aunque no te des cuenta, tu cerebro se esfuerza todo el tiempo en mantener todos estos posit visibles para que no te olvides de ninguno. Y eso consume muchísima energía. Más aún: ¡es agotador!

¿CÓMO PUEDES MEJORARLO? EL NUEVO HÁBITO

Vamos a dedicar un capítulo largo a la organización porque es un aspecto básico que, una vez integrado, te va a facilitar mucho el día a día y te va a dar una perspectiva diferente de tu vida.

Una cosa importante: aquí no se trata de que mejores tu organización para que seas más productiva, sino para que vivas mejor, es decir, para que puedas hacer lo mismo con menos esfuerzo y menos desgaste físico y emocional. Se trata de que vivas mejor, y con una mejor organización estarás más tranquila y equilibrada. Llegarás a todo y además disfrutarás. Al organizarte mejor y tener controlado todo lo que quieres hacer, sientes más tranquilidad, seguridad, autoestima y bienestar. Te lo digo por experiencia: he pasado también por épocas de mucho estrés y poco disfrute de la vida, pero siguiendo el método de cambio de hábitos que te propongo en este libro he conseguido hacer todo lo que me he propuesto y, además, disfrutarlo. He conseguido dejar de ser víctima del estrés y de los imprevistos. Vivo con más serenidad y, además, soy más productiva, hasta el punto de que no sólo llevo una familia y atiendo mi consulta, sino que además he sacado tiempo para escribir libros, nutrir de contenidos un blog, impartir talleres, seminarios, etc. Y tú también vas a poder, créeme. No soy una *superwoman*, sino una mujer normal. Simplemente me comprometí a mejorar y a cambiar mis hábitos, primero uno, después otro. Así que tú también puedes hacerlo.

Para adquirir mejores hábitos de organización necesitarás tener a mano tu querida libreta, la que compraste el primer mes para anotar tus pensamientos. Hay sistemas de organización personal muy sofisticados, como el programa Evernote, o aplicaciones muy versátiles que se pueden utilizar en el ordenador, la tablet o el móvil. Si crees que te pueden servir, adelante, pero yo funciono mejor con una sencilla libreta y una sencilla agenda. ¡Y te aseguro que tengo que gestionar un montón de temas! Así que tu libreta (o tu bloc de notas virtual) y tu agenda se van a convertir a partir de ahora en tus compañeras inseparables. Y el hábito que tendrás que incorporar consiste en llevarlas siempre encima y apuntar todo lo que tienes que hacer y quieres hacer. Es decir, lo que te propongo es que vacíes regularmente tu mente. Eso sí, de una forma ordenada, siguiendo una metodología que veremos a continuación. De esta forma es como si le dieras permiso al cerebro para que deje de mostrarte todo el tiempo esos posits con las tareas pendientes. La mente se relaja porque entiende que la «liberas» de esa obligación y en consecuencia te destensas.

Vaciar la mente de forma ordenada deja espacio para ser creativa e intuitiva; y, sobre todo, para estar relajada, fluir y, en definitiva, vivir.

¿Cómo puedes hacerlo? Sigue estos pasos

Hay muchos libros de productividad personal, guías completísimas para instaurar tu método de organización. He tomado de ellos algunos conceptos que me han parecido interesantes, pero el método que te propongo está basado sobre todo en mi propia forma de funcionar. En realidad es muy sencillo y, una vez incorporado, te ayudará a organizarte, a simplificar tu vida, a tenerlo todo más controlado y, finalmente, a hacer realidad los proyectos que te propongas y vivir con menos estrés.

Cada uno de estos cuatro pasos es un hábito en sí mismo y tendrás que ir incorporándolos poco a poco. Puede que te parezca un poco aburrido al principio, pero te aseguro que el resultado vale la pena. Al final de este mes te espera una recompensa que luego tendrás para siempre.

Paso 1: Apúntalo todo

Para empezar, vas a volcar a diario en tu libreta todas las cosas que surjan en tu mente como cosas a hacer (tanto hoy como dentro de unos meses), a recordar, a revisar, a leer, a comprar, etc.

Abre un primer apartado con el título TAREAS (o algo parecido, por ejemplo el típico TO DO). A las mujeres constantemente se nos pasan por la cabeza cosas cotidianas que tenemos que hacer mezcladas con otras que nos gustaría hacer algún día. Pues bien, coge tu libreta de notas y empieza por apuntar todo lo que quieras hacer, desde llevar el edredón a la tintorería hasta irte de viaje al Aconcagua. No importa el orden ni la prioridad, eso vendrá luego. De momento, vacía tu mente en el papel. Apunta incluso ideas vagas que se te ocurran y que te ronden por la cabeza, como proyectos, planes, películas que quieras ver, etc. Esto te irá de maravilla para relajarte, porque muchas veces tenemos estrés acumulado por el miedo a olvidarnos de algo importante.

Es mejor que utilices un lenguaje claro y directo en lo que apuntas, porque apuntar bien una acción a realizar facilita su ejecución, mientras que si la apuntamos de forma ambigua podemos perder tiempo en intentar descifrar qué quisimos decir al apuntar algo. Por ejemplo, si quiero recordar pedirle a mi cuñada Ester la dirección del oculista que tan bien le fue, no apuntaré «llamar a Ester» sino «preguntar a Ester dirección oculista», porque puede que al ir a hacer la acción no recuerde por qué quería llamarla. Cuanto menos clara y concreta es la tarea a hacer, más cuesta hacerla.

Este ejercicio diario de vaciado nos relaja mucho. Puedes hacerlo en cualquier momento del día, por ejemplo cuando llegues a la oficina o a casa. Lo importante es que no olvides llevar siempre encima tu libretita y apuntarlo ahí todo. Cuanto más simple sea la herramienta, mejor. Si optas por una aplicación informática, tendrás que llevar siempre el móvil encima y puede pasar que a veces te quedes sin batería o te falle por algún problema técnico. Perderás más tiempo intentando bajarte la aplicación y sincronizándola en todos tus dispositivos que llevando una libretita de notas y un boli. Personalmente prefiero simplificar, porque nuestra vida ya es bastante complicada.

No te estreses por tener que apuntarlo todo, pues justamente de lo que se trata es de liberarte. Tienes que vivirlo más como una liberación que como una obligación. Cada vez que aparece un nuevo posit amarillo en la cabeza con algo que hacer, es como si lo despegáramos de ahí y lo pusiéramos en la libreta, dejando así libre el cerebro para otras cosas más productivas que andar recordándote a cada momento mil tareas pendientes. Piensa que si lo tienes anotado y controlado, no tienes que estar pendiente, lo cual es un alivio.

Cuando aparezcan nuevas tareas no te plantees si tienes que apuntarlas o no, ni cuándo las vas a hacer. Simplemente apúntalas para liberarte de la preocupación de tener que recordarlas. Verás cómo eso te da la seguridad de tenerlo todo controlado. Después ya lo revisarás y decidirás qué hacer en cada caso. Es como si fueras paseando por el supermercado y añadiendo cosas al carro de la compra. Cuando llegues a casa, ya colocarás cada cosa en su sitio.

Paso 2: Clasifica las tareas

En algún momento del día tienes que revisar esa lista y clasificar las tareas. Siguiendo con el símil del carrito de la compra, es como si ahora hubieras llegado a casa y empezaras a colocar cada cosa en su sitio, así que revisa cada anotación y haz lo siguiente:

- Si es algo que puedes hacer tú, que puedes hacer inmediatamente y que no te va a llevar más de dos minutos, hazlo.

- Si es algo que no puedes hacer inmediatamente pero que tienes que hacer en algún momento del día o de los próximos días, pásalo a la agenda. Y si además es algo importantísimo que no puedes dejar de hacer bajo ningún concepto, márcalo de alguna manera (en mayúsculas, subrayado, resaltado con un rotulador fosforito). Es lo que los americanos llaman MIT, de «Most Important Things».

- Si es algo que te gustaría hacer algún día pero sin una fecha límite concreta, incúbalo: ponlo en una lista nueva de tu libreta que podrías llamar FUTURO o algo parecido. Pueden ser restaurantes a los que algún día te gustaría ir, libros que te gustaría leer, lugares que te gustaría visitar, proyectos a realizar, etc.

- Si en lugar de una tarea se trata de una información, como por ejemplo un contacto, archívalo en el lugar que corresponda, en este caso tu listín de contactos.

- Simplifica: si descubres que algo es prescindible, sencillamente táchalo (o pásalo a una lista de tareas evitables o prescindibles, por si algún día la quieres revisar). Está claro que no podremos hacerlo todo. Hay que ser realistas y aceptar que alguna cosa quedará pendiente. Si intentas conseguir todo lo que apuntas sin priorizar y simplificar, te angustiarás.

Haz una cosa cada vez, sin distracciones. Serás más eficaz cuanto más concentrada y pendiente estés de lo que estás haciendo. Por supuesto, sabemos que podemos hacer varias cosas a la vez, pero es mejor para ti hacerlas de una en una. Es mejor centrarse en lo esencial.

La multitarea a la que estamos acostumbradas (hacer

muchas cosas distintas a la vez) es poco eficaz. Aunque te parezca que solucionas más temas, acabas por dispersarte y perder mucho tiempo. Es mejor que te organices bien y hagas una cosa cada vez, manteniéndote concentrada y enfocada en esa acción. Incluso puedes poner el móvil en silencio o cerrar el programa de correo electrónico, según de lo que se trate, para que no te interrumpan. O para no despistarte, pues a veces somos nosotras mismas las que saltamos de una cosa a otra sin parar o miramos el whatsapp cada dos minutos, de forma compulsiva. Lo mejor, si tienes tendencia a hacer esto, es que apartes el móvil y lo pongas en silencio siempre que hagas tareas que requieran un mínimo de concentración. Y si pierdes la concentración, respira a fondo o sal un momento al balcón y reenfócate.

Paso 3: Adquiere rutinas

Prográmate en la agenda aquellas actividades que quieres convertir en un hábito. Por ejemplo, si quieres acostumbrarte a desayunar una crema de cereales es muy práctico dejarla preparada por la noche antes de irte a dormir. Así que apúntatelo como una tarea en la agenda hasta que lo conviertas en un hábito, es decir, durante los 30 días del mes correspondiente. Lo mismo, por ejemplo, para las respiraciones (que veremos más adelante). Aunque te parezca una tontería, apuntártelo en la agenda es una forma de recordatorio que sirve hasta que no necesitas pensar en que tienes que hacerlo. Las rutinas se crean en la agenda.

Más adelante te propondré incorporar hábitos a nivel de dieta y ejercicio. Por ejemplo, hacer unos estiramientos antes de ir a la cama. Pues bien, al principio, hasta que lo conviertas en tu hábito, es bueno que te lo apuntes en la agenda. Incluso puedes apuntarte cosas aparentemente insignificantes pero que te ayudarán, como llevar siempre encima endulzantes naturales para evitar el azúcar y los alimentos que lo contienen.

Siguiendo con el símil de la compra es como si, después de comprar y ordenar los alimentos, ahora nos apuntáramos recetas y empezáramos a cocinar. Al principio miraremos siempre la receta para confirmar que no nos dejamos nada, pero una vez la hayamos practicado lo suficiente y nos salga bien, ya la haremos de manera automática.

Paso 4: La hoja de ruta

Define tus objetivos a medio y largo plazo. Por ejemplo, uno de ellos puede ser: «Este año he decidido duplicar mi estado de energía y voy a mejorar mis hábitos».

Al inicio de cada mes echa un vistazo a la agenda de ese mes que empieza y procura eliminar las incoherencias. Es decir, procura que tus actividades planificadas sean coherentes con tus objetivos. Por ejemplo, si te has propuesto adelgazar tres kilos ese mes, no es coherente que te apuntes a un curso de repostería para el próximo fin de semana. Se trata de que no haya contradicciones entre las diferentes cosas que quieres hacer. Esto nos va a aportar seguridad y confianza, y nos va a ayudar a tomar mejor nuestras decisiones.

Por último, ponte objetivos anuales y comprueba cada tanto que tus propósitos a corto plazo suman, es decir, lo que te vas apuntando en la agenda apoya la consecución de esos propósitos; o, como mínimo, no la entorpecen.

Siguiendo con nuestro símil culinario, este último paso es como si comprobáramos cada tanto (cada mes, cada año) que los platos nuevos que hemos aprendido a cocinar nos ayudan a tener más energía, a mantener un peso equilibrado, a tener mejor salud y a sentirnos mejor. Es decir, que lo que estamos haciendo tiene un sentido y una coherencia.

RESUMEN

1. Vuelca todas las tareas que te vengan a la cabeza en tu libreta.
2. Pon en la agenda las que tengas que hacer en los próximos días. Las que no sean inmediatas, pásalas a otra lista de proyectos futuros. Delega lo que puedas y suprime lo innecesario: ¡simplifica!
3. Prográmate en la agenda las actividades que quieras convertir en un hábito, como has hecho en el capítulo anterior con el azúcar y el café.
4. Ponte objetivos mensuales y semanales. Comprueba que tus tareas del día a día son coherentes con esos objetivos y si tienen sentido.

CONSEJOS PARA UNA MEJOR ORGANIZACIÓN PERSONAL

- Muchas veces apilamos las cosas en una mesa o en el despacho. Lo tenemos mezclado y eso nos crea un poco de dispersión. Por eso ayuda mucho agrupar las tareas por temas: cocina, compras, ejercicio... No te crees un sistema complicado ni te obsesiones con emplear nuevas herramientas: utiliza el sistema más sencillo posible que te sirva para ordenar tus cosas, por ejemplo una carpeta con separadores. También puedes hacer una lista de cada tema o tener apartados distintos en tu libreta marcados con una tira adhesiva. Porque cuanto más organizada estés, más fácilmente lo encontrarás y lo harás todo.

- Planifícate, pero no te obsesiones. Si te propones cocinar un plato nuevo y a la hora de la verdad no tienes todos los ingredientes, hazlo con lo que tienes, la próxima vez saldrá mejor. Lo importante es que empieces y que cumplas con lo que te has propuesto, pues cada cosa que te apuntas en la agenda es un compromiso contigo misma.

- Comprométete solo con las cosas importantes y que te aportan valor. Identifica lo que es imprescindible y dosifica tu energía. No actúes compulsivamente ni te líes con muchas cosas, pues luego no tendrás tiempo ni energía para hacerlo todo.

PÍLDORA DE MOTIVACIÓN

Una meta demasiado ambiciosa puede sobrepasarnos, con lo cual seguro que nos bloqueamos y no la alcanzamos. Es el caso de los que se proponen correr una maratón o conseguir un cuerpo «Danone» en sólo unas semanas. En estos casos lo que ayuda es dividir las metas en minimetas, o sea, marcarnos metas parciales. Es una buena forma de ir viendo resultados y así no frustrarnos y perder motivación. Por eso este libro se divide en doce meses y se centra en un nuevo hábito (o conjunto de hábitos) cada mes.

Ponte metas realistas, establece las etapas para llegar hasta ahí y apúntalas en tu libreta, en el apartado de objetivos a medio y largo plazo.

¿Por qué voy a seguir adelante?

Porque si me organizo mejor dejaré espacio en mi mente para ser creativa e intuitiva, y sobre todo, para estar relajada, fluir y, en definitiva, vivir mejor.

MES 4
Todo empieza con el desayuno

(Marta)

La mayoría de los días no tengo tiempo de desayunar. Sí, ya lo sé, si uno busca el tiempo lo encuentra, pero... Mi problema es que apuro hasta el último minuto en la cama antes de levantarme. Cuando suena el despertador pienso: «Cinco minutos más...». Y entonces me duermo. Y cuando la alarma vuelve a sonar, me acuerdo de todo lo que tengo que hacer y salgo pitando de la cama para despertar a los niños, ayudarles a vestirse, prepararles su desayuno y el bocadillo del cole. A veces también tengo que buscar los informes o documentos que ese día me tengo que llevar a la oficina. La mañana se convierte en una auténtica locura si alguno de mis hijos se hace el remolón, o tiene un berrinche, o no quiere comerse sus cereales.

Mi hijo mayor toma cereales de trigo con chocolate y un vaso de leche con cacao y azúcar, y después una pieza de fruta. No le gusta nada que no lleve chocolate, y la mayoría de los días me tengo que pelear con él para que se coma la fruta. Sé que está tomando una gran cantidad de azúcar, pero si no se lo doy no quiere comer nada y no puedo permitir que se vaya al colegio en ayunas. Es algo que me preocupa, pero no he encontrado nada con qué sustituirlo.

La pequeña rechaza la leche y algunos días le doy zumo de tetrabrik, porque no tengo tiempo de preparar zumo natural, pero la mayoría de las veces prefiere tomar sólo un vaso de agua. Los cereales se los come «en seco», como si fueran galletas. Y no consigo que a esa hora acepte un yogur o un trozo de queso, por lo que me preocupa un poco, ya que el pediatra insiste en que debo darle lácteos porque a esta edad el aporte de calcio es muy importante. El otro día leí un artículo que explicaba que la masa ósea se forma entre los tres y los diecisiete años, y por eso a esa edad es importantísimo el aporte de calcio y vitamina D, que ayuda a que el organismo absorba el mineral. Mi hija debería estar tomando, según el médico, dos vasos de leche al día, pero desde muy pequeñita siente repugnancia por la leche. Una vez intenté convencerla y después vomitó, así que decidí no volver a darle leche nunca más.

En la prensa he visto últimamente algunos artículos cuestionando los beneficios de la leche de vaca, pero la mayoría de la gente insiste en que es la mejor fuente de calcio. Tengo grandes discusiones con mi madre por este motivo. Ella tiene ahora sesenta y cinco años y padece osteoporosis. Toma pastillas de calcio y vitamina D y sufre dolores en las articulaciones. Por eso se preocupa tanto por mi futura salud y la de mi hija pequeña, a la que quiere darle leche sea como sea.

Yo tampoco soy muy amiga de la leche. De pequeña no me gustaba ni siquiera con cacao, el olor me resultaba muy desagradable. Ahora sólo la tomo si es en pequeñas cantida-

des y mezclada con café. Antes de ducharme pongo en marcha la cafetera y justo antes de salir por la puerta con los niños me tomo un café con leche muy cargado.

Dicen que el desayuno es la comida más importante del día, pero lo cierto es que en lo último que pienso a esa hora es en comer. Mi estómago está completamente cerrado, no podría ingerir ni una triste galleta. Algunas amigas me cuentan que tienen tiempo de preparar zumo de naranja recién exprimido para ellas y sus hijos por la mañana, y a mí me gustaría ser lo bastante organizada para hacerlo, pero sólo lo hago los fines de semana. Los niños lo prefieren a la fruta, ya que para ellos tomar el zumo es mucho más cómodo que comerse una pera o una manzana. Me encanta el sabor refrescante del zumo de naranja en ayunas, me da la sensación de que me limpia por dentro, aunque a veces me produce un poco de ardor de estómago. Mi falta de tiempo me impide hacerlo cada día para toda la familia, y me preocupa que no estén tomando suficiente vitamina C, por eso cuando empieza el invierno les compro a los niños unas ampollitas de vitaminas que venden en la farmacia, y que creo que también contienen jalea real. Me han dicho que les da energía y fortalece sus defensas. La verdad es que no tengo muy claro cómo debe ser un desayuno saludable. La información que nos llega a través de los medios es muy diversa, a veces contradictoria, y las recomendaciones de las instituciones oficiales siempre incluyen leche, que yo no tolero. Espero que Pilar pueda orientarme en este sentido para desayunar bien y ayudar a mi familia a salir de casa con energía.

De lunes a viernes, a media mañana suelo salir a tomar algo con una compañera de trabajo, por lo general una Coca-Cola y un bocadillo de embutido. Eso me sirve para aguantar hasta la hora de comer, aunque a duras penas. Siempre tengo galletas o chocolatinas en el cajón por si me da un ataque de hambre. El día que me hago el propósito de empezar a tomar cosas más sanas me compro algo de fruta: manzanas, fresas, mandarinas... Pero mis buenas intenciones suelen durar poco. Algunas de mis amigas compran barritas energéticas en la farmacia, pero yo probé una vez unas a base de fibra y me pasé el resto de la mañana en el cuarto de baño... Así que prefiero las barritas de chocolate de toda la vida.

Mi amiga Maite prefiere tomar dulce: se come un cruasán con un té con leche (no le gusta el café). A mí suele darme un poco de envidia, y a veces me pido lo mismo que ella, pero los nutricionistas suelen decir que un bocadillo es más sano que un cruasán o una ensaimada, así que intento hacerlo lo menos posible. Y además creo que con el bocadillo tardo más tiempo en volver a tener hambre. De todos modos, no tengo claro que el bocata de salchichón sea más sano que un cruasán. Además, el pan es blanco. En muy pocos bares tienen pan integral para desayunar. Me encantaría tener tiempo para pasarme cada día por una de esas panaderías artesanas que hay en el centro, donde puedes encontrar panes elaborados con una gran variedad de cereales, pero no tengo ninguno cerca de casa.

Cada tarde, después de salir del trabajo, compro dos baguettes en la panadería de mi barrio para hacer los bocadillos de los niños y acompañar la cena. Procuro no olvidarme porque si no tengo que prepararlos con pan de molde del supermercado. Ése sí que lo compro integral, pero es tan esponjoso y tiene tan poca miga que los niños casi siempre se quedan con hambre.

He probado a cambiar el bocadillo de media mañana por barritas energéticas de la farmacia. Están bien, pero no me sacian y las encuentro demasiado dulces. A esa hora me apetece algo salado. Y para prepararme un bocadillo como el del bar, prefiero salir del despacho y así al menos hago un break *en el trabajo. Una de mis compañeras, Laura, a la hora del desayuno toma un suplemento vitamínico que compra en la farmacia y que asegura que la ayuda a mejorar sus defensas para no ponerse enferma y no tener ataques de hambre. En el prospecto dice que contiene ginseng y otras cosas. Yo lo he probado, pero he notado que me produce taquicardia y dolor de cabeza. Sí que anima, pero es como una infusión de café en vena que me pone como una moto, así que después de probarlo durante una semana le regalé la caja a Laura.*

Dicen que el desayuno es la principal comida del día: «Desayuna como un rey, come como un príncipe y cena como un mendigo». Pero en mi caso la comida principal es la del mediodía, en el bar de la esquina. Y suelo llegar con tanta hambre a esa hora que algunos días soy capaz de pedir un plato combinado de hamburguesa con huevo frito y patatas, aunque la mayoría de las veces me contengo y pido un plato de pasta y una ensalada. El resultado es evidente: me sobran unos cuantos kilos.

Uno de los objetivos que voy a incluir en mi libreta va a ser éste: «Aprender a comer sano y recuperar mi peso ideal». No quiero hacer una dieta kamikaze para perder cinco kilos en una semana y recuperarlos en cuanto vengan unas vacaciones o unas fiestas familiares. Quiero aprender a gestionar mi alimentación correctamente, sea la época que sea. Si aprendo a cuidarme yo, sabré también cómo cuidar a mi familia.

Estoy impaciente por saber qué dice el curso de Pilar sobre la alimentación.

¿QUÉ ES LO QUE PASA?

Si te levantas cansada y con prisas, es normal que te pase lo mismo que a Marta: que no tengas hambre y acabes tomando un simple café con leche. Luego, claro, estás muerta de hambre el resto de la mañana y comes cualquier cosa que tengas a mano. Y sin darte cuenta van apareciendo unos kilos de más, aumenta el cansancio, dejas de gustarte, etc. Para evitar esto tenemos que ir solucionando varias cosas: mejorar la alimentación para tener más energía durante todo el día, dormir mejor para levantarnos con fuerzas, organizarnos mejor para tener productos saludables en casa, preparar cremas de cereales, etc. Pero vamos paso a paso. Empecemos con el desayuno.

Muchos estudios revelan que los malos hábitos en el desayuno tienen consecuencias graves: obesidad abdominal, triglicéridos elevados, bajos niveles del colesterol «bueno», presión arterial elevada e hiperglucemia (altos niveles de azúcar en sangre en ayunas), un aumento del índice de masa corporal, mayor riesgo de sufrir un ataque al corazón o muerte por enfermedad cardíaca, etc. Por el contrario, otros estudios demuestran que desayunar adecuadamente tiene un montón de beneficios: pérdida de peso, reducción del riesgo de diabetes, hipercolesterolemia y enfermedades cardíacas, etc. Ya no son opiniones o supersticiones, sino estudios científicos. ¿A qué esperas para hacer algo?

¿CÓMO PUEDES MEJORARLO? EL NUEVO HÁBITO

Durante el primer mes hemos establecido un compromiso y trabajado los pensamientos negativos y la actitud vital, durante el segundo hemos minimizado el azúcar y el café de nuestra dieta y durante el tercero hemos aprendido a organizarnos mejor. Con todo esto, empezarás a notar un poco más de calma y serenidad. Y gracias a esto podrás seguir incorporando los siguientes hábitos con más facilidad, sin agobiarte y sin rendirte si algo no sale bien.

En este cuarto mes vamos a centrarnos en el desayuno, aunque sin dejar de practicar los hábitos anteriores para consolidarlos. Empezar el día con sólo un café, un té o un zumo no puede darnos la energía que necesitamos. ¡Es de sentido común! Además, el hambre nos llevará a desear alimentos extremos que nos descompensarán durante todo el día, desequilibrando nuestra energía y haciendo que lleguemos a la noche completamente agotadas.

Esto es un círculo vicioso: cuanto peor comemos, menos energía tenemos y más echamos mano de los alimentos que no nos convienen (azúcar, café, refrescos, bollería, dulces...), y cuanto más comemos de ellos, menos energía tenemos al final. Por tanto, tenemos que cambiar este mal hábito. Mejor dicho, sustituirlo por otro más saludable. Para empezar, tenemos que desayunar bien.

¿Cómo puedes hacerlo? Sigue estos pasos

Marta se hace muchas preguntas: si el desayuno es realmente la comida más importante del día, si es buena la leche, si es mejor un cruasán o un bocadillo, si el pan debe ser integral, si es bueno el zumo de naranja de buena mañana, si hay que tomar suplementos vitamínicos, etc.

Lo principal para romper ese círculo vicioso del que te acabo de hablar es que te levantes quince minutos antes para poder tomar tu desayuno. Sí, es duro y los primeros días te va a costar, pero empezar el día comiendo de forma adecuada va a producir un giro radical en tus niveles de energía, y pronto no tendrás ninguna dificultad para adelantar el despertador.

El desayuno debe ser:

- Nutritivo: Nos debe aportar la energía y los nutrientes necesarios para hacer frente al día.

- Ligero: No debe ser pesado, pues tenemos que ponernos en marcha física e intelectualmente.
- Húmedo: Durante la noche pasamos bastantes horas sin comer ni beber. El cuerpo se seca, especialmente si sudamos u orinamos. Por eso, al levantarnos tenemos que rehidratarnos.

A partir de estas premisas te voy a dar una serie de propuestas concretas para un buen desayuno. Existen muchas variantes, pero lo que te propondré a continuación es válido para todo el mundo y seguro que te sienta bien.

Vamos a empezar con el pan, pues estamos muy acostumbrados a tomarlo en el desayuno. El mejor pan es:

- El que está hecho con harina integral. De esta forma, aporta todos los nutrientes del cereal, que suele ser trigo, al menos en nuestra cultura. No obstante hay muchos tipos de cereales, como la espelta o el kamut, que son tipos de trigo más digestivos. O el centeno, que es más depurativo. O el maíz y la quinoa, que son aptos para los celíacos. Y muchos otros. Los panes a veces también vienen enriquecidos con semillas, que son interesantes porque nos aportan minerales, vitaminas y ácidos grasos.
- El de origen ecológico, para evitar los tóxicos que provienen de los cultivos de los cereales. Si es ecológico nos aseguramos además de que no lleva aditivos químicos.

- El que está hecho con levadura madre. Tradicional-
mente el pan se hacía con levadura madre, pero se sus-
tituyó por levaduras industriales, que suelen dar problemas de alergias, flatulencias, intolerancias, etc. Este
pan industrial sienta mal a muchas personas, aunque
ellas no sean conscientes de que ésta es la causa.

Cada vez hay más panaderías que vuelven a elaborar el
pan con levadura madre y que ofrecen una gran variedad
de panes. Si no tenemos ninguna cerca de casa, podemos
comprar un día a la semana y congelarlo, pues el pan se
puede congelar sin problemas. En cualquier caso, no com-
pres panes industriales, pues la calidad de la harina y de la
levadura es mala y casi siempre llevan azúcar y productos
químicos añadidos.

Hemos dicho que el desayuno tiene que hidratarnos, así
que si queremos comer el pan tostado, lo hidrataremos con un
poco de tomate rayado, aceite y sal, o con patés de verduras. Si
queremos acompañarlo con algo salado podemos poner un
poco de bonito o anchoas en aceite, unas salchichas vegetales a la plancha, embutidos vegetales o tofu a la plancha, o
de vez en cuando una tortilla (hecha con huevos ecológicos). Si lo prefieres dulce, lo puedes hidratar con alguna
mermelada natural, o sea, sin azúcar ni fructosa, endulzada
con concentrado de manzana, estevia o melazas de cereales.
Las más digestivas son las hechas con bayas rojas: frambue-
sas, fresas, arándanos, moras, etc. Elige la que más te guste.

En lugar de pan puedes comer galletas de cereales hinchados, por ejemplo de arroz o maíz. Igual que con el pan, no las tomes secas: hidrátalas con algo de lo que hemos visto antes. Las mujeres, a partir de una cierta edad, tenemos mucha tendencia a perder fluidos y secarnos, de ahí las arrugas. Por tanto, vamos a intentar siempre hidratarnos bien.

Si no dispones de mucho tiempo puedes tomar unos cereales tostados o un muesli de los que se venden ya preparados (pero sin azúcar ni miel ni endulzantes, y de origen ecológico). Lo puedes hidratar con una bebida vegetal (leche de avena o de arroz, por ejemplo). Puedes acompañarlo con un té o un café de cereales.

Para los niños podemos encontrar cereales de granos integrales hinchados con pepitas de chocolate, que son mucho más saludables porque son ecológicos, el cereal es integral y el chocolate está endulzado de forma natural, no con azúcares. Otra posibilidad es comprar los clásicos «cornflakes» integrales y mezclarlos en casa con unas pasas, fruta y chocolate rallado (cómpralo endulzado con estevia).

Una duda de Marta es si los niños deben tomar leche. Lo cierto es que muchas personas no toleran bien la leche de vaca. A menudo provoca problemas digestivos y mucosidades. Como alternativa, podemos ofrecer a los niños leches vegetales para hidratar los cereales. Hay leches de avena, de arroz, de almendras (¡cuidado!: que no lleve azúcar añadido), de quinoa, etc., que pueden sustituir perfectamente a la leche de vaca. La de soja es un poquito más indigesta. Otras menos comunes pero igualmente apropiadas son la de castañas y la de avellanas.

Con respecto a los zumos, que es algo que también preocupa a nuestra Marta, si la fruta es de temporada y de consumo local, es un producto muy saludable. Idealmente debería ser ecológica, porque la mayoría de vitaminas están en la piel, y si ha sido tratada con pesticidas no debemos comérnosla. No obstante, no se debe abusar de la fruta por la mañana si luego nos espera un día duro en el trabajo o, en el caso de los niños, en el colegio, porque es un alimento que enfría el metabolismo y seda la energía, y lo que nos interesa es que la tonifique. Por eso, si queremos salir de casa con energía, se debe tomar en pequeñas cantidades mezclada con los cereales.

Lo que te comento de la fruta tiene un matiz: depende de la estación del año en que estemos. Si hace mucho calor es más adecuado tomarla que si hace frío. Lo saludable es adaptarnos al medio que nos rodea, a los ritmos de la naturaleza. Y la naturaleza produce gran parte de la fruta en primavera y verano, por tanto nos está «señalando» que es la época adecuada para tomarla.

Aquellas que tienen la costumbre de levantarse y tomarse un zumo de naranja deben saber, por tanto, que en invierno no les va a sentar tan bien como en verano. Además, si en tu dieta tomas grasas el zumo te alcaliniza y depura, pero si sigues una alimentación como la que te estoy proponiendo en este libro no lo vas a necesitar. Una alternativa al zumo de naranja es el zumo de verduras verdes, que es más rico en minerales y vitaminas, y más tonificante del sistema digestivo y por lo tanto de la energía.

Con respecto a las bebidas ideales para acompañar un buen desayuno, espero que a estas alturas ya hayas sustituido el café por un buen té con teína que te ayude a despejarte, o bien por una infusión o un café de cereales. Ten cuidado de que el té sea ecológico, pues en el cultivo de los tés se utilizan muchos pesticidas, insecticidas y herbicidas. Y procura tener unos cuantos diferentes para ir variando y que se convierta en un ritual agradable. Puedes endulzar el té con melaza (de arroz, de maíz, de avena, de quinoa, de cebada, etc.), estevia (en comprimidos, polvo o líquido) o infusión de regaliz.

Si puedes reservarte unos veinte minutos para desayunar, lo ideal es tomar una crema de cereales, que es muy energética y digestiva. Por ejemplo, de copos finos de avena, de mijo, de quinoa, de arroz o de trigo sarraceno, que puedes condimentar con semillas tostadas, frutos secos, fruta deshidratada, etc. Es muy sencillo prepararlas, como te explicaré ahora, por eso te animo a que durante estos 30 días que te vas a dedicar específicamente al desayuno te las hagas 2 o 3 días por semana. Pones en un cazo un vasito de avena u otro cereal en grano, tres de agua con un poco de sal y uno de leche vegetal a tu gusto; cuando hierva, bajas el fuego al mínimo, tapas y lo dejas media horita. Si está un rato más, hasta 45 minutos, todavía mejor, pues será más digestiva. Puedes añadir una rama de canela y un poquito de ralladura de limón. Y ya está. A partir de aquí puedes preparar mil versiones diferentes, añadiendo coco, chocolate, frutos rojos (frescos o deshidratados), verdura rallada, perejil fresco, etc. Puedes preparar más cantidad y así tienes para dos o tres días.

La de mijo es ideal para perder peso, pues potencia mucho la digestión y es muy energizante. La de quinoa es ideal para las que somos muy deportistas. La de copos finos de avena también es muy energizante. Y la de arroz, la más equilibrante, que se puede preparar con un poco de arroz integral que haya sobrado del día anterior, añadiendo un poco de agua y de leche vegetal, y queda buenísima.

Si tienes cualquier duda sobre cómo prepararla o quieres ideas para hacer variaciones, te invito a que visites mi plataforma www.sienteteradiante.com. Ahí te explico, por ejemplo, cómo sobre una misma base de crema de cereales se pueden hacer versiones dulces y saladas. Por ejemplo, una versión dulce puede consistir en añadirle frutas del bosque rojas, frescas o deshidratadas, pasas, semillas y melaza de arroz. Es deliciosa, ya verás. Y una versión salada se podría preparar añadiendo unas semillas tostadas, un poco de gomasio (un complemento muy nutritivo a base de semillas de sésamo y sal) y un poco de perejil fresco picado.

Si queremos estar más concentradas, es mejor optar por las cremas saladas, pues las dulces tienen un efecto más sedante. Cuando ya lo hayas incorporado como un hábito, puedes optar por las cremas saladas entre semana y por las dulces el fin de semana.

Si desayunas como te estoy explicando, probablemente aguantarás bien hasta mediodía, con lo cual no te hará falta el bocadillo o el bollo de media mañana. Si crees que tendrás hambre a media mañana, puedes llevarte un bocadillo (de pan integral) o unas galletas de cereales, o tener en la oficina un botecito con muesli y acompañarlo con un té. Y si no puedes tomar nada en la oficina o quieres ir al bar para hacer una pausa, llévate alguna galleta de cereales y pide un té. O, si crees que pueden hacértelo, un zumo de verduras y frutas frescas.

Si no tomamos cereales integrales por la mañana (en forma de pan o de crema), que contengan los carbohidratos completos que nos dan una energía estable, a media mañana tendremos un bajón, con lo que recurriremos más fácilmente a alimentos que nos den energía rápida (café, chocolate, más bollería, bebidas gaseosas azucaradas, etc.) y volveremos a entrar en el ciclo de las subidas y bajadas del índice de glucemia. Y al día siguiente, claro, nos costará salir de la cama.

Si, por el contrario, empiezas a tomar suficientes cereales integrales, tu energía no sufrirá bajones, ya que la glucosa que procede de ellos es de combustión lenta (es decir, se va consumiendo poco a poco), a diferencia de los panes y la bollería refinados, que son de combustión rápida (al principio te sientes bien pero al poco tiempo necesitas más carbohidratos, y es entonces cuando acudes al azúcar: la fruta, las chucherías, el chocolate, las pastas, etc.).

Antes de que tu pensamiento se invente alguna excusa, pruébalo. Te aseguro que en apenas un par de semanas, o incluso antes, notarás el cambio. Además, disfrutarás de un momento de calma para desayunar y cuando hayas terminado podrás enfrentarte mucho mejor al día, incluso si surgen imprevistos. Estoy segura de que querrás seguir haciéndolo.

PÍLDORA DE MOTIVACIÓN

Un aviso a las supermotivadas: no entres de buenas a primeras en un supermercado bio y empieces a comprar de todo. Esto puede ser contraproducente porque la compra te saldrá por un dineral y pensarás que es muy caro, y muchos alimentos no sabrás cómo prepararlos o cómo conservarlos y se te estropearán. Y entonces te frustrarás.

Cuando tengo un proyecto o un objetivo nuevo, mi entusiasmo no conoce límites. Me ilusiono y me entrego al máximo, creyendo que tengo energía suficiente, pero no tardo mucho en darme cuenta de que tengo limitaciones. Por ejemplo, la primera vez que oí hablar de nutrición energética me apasioné tanto que me compré todos los libros sobre el asunto, un montón de cereales diferentes, algas de todas las formas y preparados varios de proteínas vegetales. Luego en casa me quedé mirando todo y no sabía por dónde empezar...

Me pasó lo mismo cuando me propuse empezar a correr. Me lancé a hacer cinco kilómetros y cuando llevaba menos de la mitad estaba con la lengua fuera.

Por eso te aconsejo con conocimiento de causa que vayas paso a paso, no te precipites.

¿Por qué voy a seguir adelante?

Porque un buen desayuno hará que tenga energía para afrontar el día con vitalidad.

MES 5

Compra con sentido

(Marta)

Vivo en un barrio céntrico y tengo la suerte de poder elegir dónde hacer la compra. Procuro ir una vez por semana, pero casi siempre tengo que volver en algún momento porque falta algo o aparece algún imprevisto.

Mi marido intenta ayudarme, pero la verdad es que aunque le ponga buena voluntad no es como cuando voy yo. El otro día le dije que comprara merluza y pidiera que se la limpiaran para hacer a la plancha. Al parecer, no había merluza y la pescadera le vendió unas pescadillas diminutas cortadas en rodajas que, una vez cocinadas, quedaron como unos pequeños buñuelos con espina en el centro, de manera que para que los niños se las comieran tuve que desmenuzarlas hasta convertirlas casi en puré.

Otro día me llamó desde el mercado, azorado, y me preguntó en voz baja: «Oye, la verdulera me pregunta si quiero las patatas blancas o rojas. ¿Qué le digo?». Yo me di un hartón de reír, pero la verdad es que recurrir a la ayuda de Juan resulta poco práctico. Así que intento buscar tiempo para ir yo misma a la compra.

Gracias a los consejos de Pilar he empezado a hacerlo por internet. Me ayuda a ganar tiempo, puedo hacerlo tranquilamente desde casa con una lista de todo lo que necesito para los desayunos que he empezado a cambiar, y así no me olvido de nada. Luego me lo traen a casa a la hora que yo les indico, y resulta comodísimo. Además, hay una gran oferta de productos ecológicos que muchas veces no se encuentran en los supermercados del barrio. He visto, por ejemplo, que hasta te traen a casa cestas de frutas y verduras frescas ecológicas cada semana, y a buen precio.

Como mi principal problema es la falta de tiempo, suelo comprar algunos de esos platos que venden ya cocinados para salir del paso al menos un par de días a la semana: canelones envasados, legumbres cocinadas, pinchitos morunos, buñuelos de pescado, croquetas congeladas, patatas prefritas... Mi madre siempre me insiste en que es mejor que prepare yo los sofritos con verduras frescas, pero la verdad es que esos botes de tomate frito son comodísimos y me ahorran un montón de tiempo. También compro cebolla cortada congelada para no tener que perder tiempo pelándola.

Mi marido no es muy amigo de las verduras y tengo que elegir aquellas que sé que les van a gustar a todos, porque si no tengo que cocinar varios platos diferentes. En mi cesta semanal suelen entrar judías verdes, patatas, pimientos, tomates, calabacines, calabaza y zanahoria para hacer cremas, y de vez en cuando col, que preparo cocida con patatas y después sofrío con ajo para disimular un poco el sabor. También compro alcachofas de vez en cuando, para prepararlas al hor-

no. Y para de contar. Las berenjenas no me gustan porque fritas quedan demasiado grasientas, y asadas no les gustan a los niños. Tampoco compro coliflor, puerros, hinojo, nabos, remolachas... No tengo ni idea de cómo se preparan.

El resto suelen ser lácteos (leche semidesnatada, yogures, quesos y petit suisse), salchichas y hamburguesas, de ternera y cerdo principalmente, además de pasta, arroz, huevos y un poco de pescado fresco. Como se estropea enseguida y no sé si se puede congelar o no, compro pescado para comerlo un par de veces por semana, no más. La carne aguanta más tiempo en el frigorífico, o eso me parece a mí.

Al final, procuro que a lo largo de la semana la familia coma de todo. Eso es lo que creo que asegura una dieta sana, ¿verdad? Comer de todo y variado. E intento tener en cuenta otras cosas: que les guste a los niños (¡no quiero cocinar dos veces!), que sea rápido de preparar, que sea barato (no estamos para grandes gastos) y que incluya diferentes grupos de alimentos, para quedarme tranquila sabiendo que han comido de todo.

Si tuviera que cocinar para mí sola comería de forma muy diferente. En mi juventud tuve una etapa vegetariana y mi paciente madre cocinaba para mí platos diferentes a los del resto de la familia. Nunca podré agradecérselo lo suficiente, pues es algo que ahora soy incapaz de hacer con los míos. Comía huevos y lácteos, pero no probaba la carne ni el pescado. Supongo que mi dieta no era lo que se dice perfecta, pero mi madre me preparaba siempre una ensalada y luego dos platos de verduras, y yo me sentía guapa y llena de energía. Estudia-

ba en la universidad, tenía un trabajo a tiempo parcial y acu-
día al gimnasio casi todos los días. ¡Qué tiempos aquéllos!

Si ahora pudiera, me gustaría comprar para mí verduras
que no pruebo en todo el año, aprender a cocinarlas y condi-
mentarlas, cereales exóticos y desconocidos como la quinoa,
el mijo, el amaranto y el trigo sarraceno, que contemplo con
curiosidad en el estante de productos dietéticos del supermercado sin atreverme a comprarlos por miedo a que se es-
tropeen en sus envases sin ni siquiera abrirlos, por falta de
tiempo para averiguar cómo se cocinan. Compraría habas
y guisantes frescos en primavera para desenvainarlos poco a
poco con mis propias manos, buscaría recetas de terrinas y
patés vegetarianos para tener con qué prepararme bocadillos
sin recurrir al chorizo de siempre, cocinaría arroz con verduras en lugar de ponerle costilla de cerdo o pollo... Pero temo
que si hago esto se me desmontará la organización que tengo
en casa y todo se volverá un caos. ¿Y si los niños no se lo comen? Una de mis obsesiones es que coman, en eso me parezco a mi madre. Cuando éramos pequeños, a mis hermanos y
a mí siempre nos veía flacos. «Comed, que hay que crecer»,
decía. Si algún día estoy sola en casa por una de esas casuali-
dades que ocurren sólo muy de vez en cuando, suelo experimentar con algún plato con verduras y cereales para mí sola.
Me encanta probar ingredientes orientales y sazonar mis
alimentos con semillas o frutos secos que siempre guardo en
la despensa para momentos como ésos. Pero, por desgracia,
no puedo comer así todos los días.

¿Tendré que esperar a que mis hijos se hagan mayores

para comer como yo quiero? Quizás Pilar pueda enseñarme a ir cambiando mi manera de cocinar poco a poco. También me gustaría que me orientara para hacer listas de la compra «inteligentes»: comprar lo necesario sin gastar de más, cómo renovar la despensa para hacer platos más saludables, qué proporciones de alimentos debo incluir en los platos de la semana... Estoy aprendiendo un montón de cosas que me están ayudando a que mi día a día sea mucho más organizado. Y, además, desde que tomo cereales integrales en el desayuno me siento mucho más despierta y energética. Estoy impaciente por saber más.

De momento, ya he empezado a hacer listas para organizar mejor mi compra y a planificar mi agenda. Voy aplicando lo que nos enseñó Pilar en el apartado sobre «Cómo organizarse», y ¡he descubierto que tengo tiempo libre! Puedo dedicar dos horas a la semana a hacer aquel curso de pintura al óleo al que siempre deseé apuntarme. Y además de disfrutar, me está ayudando a relajarme y ordenar mis pensamientos.

¿QUÉ ES LO QUE PASA?

Marta hace la compra pensando en que sus hijos y su marido coman y no protesten. No se atreve a introducir nuevos hábitos en el menú familiar por miedo a que le pongan mala cara y no coman. De esa forma, la familia acaba comiendo de manera desequilibrada y ella también. ¿Te suena esta situación?

Basar la dieta en cereales refinados, lácteos y carne, con sólo alguna que otra crema de verduras de vez en cuando, puede tener consecuencias importantes a la larga en la salud tanto de los niños como de los adultos. Y no sólo eso: el sobrepeso está casi asegurado.

Aunque Marta se queja de falta de tiempo, el problema principal de la mayoría de las mujeres es que compran con una idea falsa de lo que es saludable y lo que no. Apenas hay cultura alimentaria en nuestro país, y aunque la dieta mediterránea suele ser muy saludable, es fácil que nos desviemos de ella y acabemos comprando y comiendo demasiados productos refinados, demasiada carne, embutidos y lácteos, y en comparación pocos cereales integrales, pocas legumbres y poca verdura.

¿CÓMO PUEDES MEJORARLO? EL NUEVO HÁBITO

El nuevo hábito va a consistir en hacer una compra con sentido. Es decir, en comprar pensando no sólo en comprar alimentos fáciles de preparar y a los que estamos acostumbrados (con los que sabemos que no habrá protestas) para saciar el apetito, sino en tener un buen equilibrio energético que nos permita hacer todas las actividades del día y, además, disfrutarlas.

Para tener energía, lo principal son los cereales integrales: arroz, avena, quinoa, pasta, mijo, trigo sarraceno, pan, etc. Los cereales integrales deberían constituir al menos el

50 % de los alimentos que tomamos en un día. No es algo que diga yo: lo dice la Organización Mundial de la Salud.

También hay que tomar alimentos que aporten proteínas dos veces al día, de manera que sean más o menos el 20 % de nuestra dieta. Se encuentran en la carne, el pescado y las legumbres. Las legumbres son muy recomendables como fuente de proteína, muy nutritivas y no contienen grasas saturadas, sino ácidos grasos esenciales, mucho más saludables. También es interesante empezar a introducir proteínas vegetales, como el tofu, el seitán o el tempeh (que cada vez se encuentran más en los grandes supermercados, no sólo en las tiendas bio), pero entiendo que esto puedes hacerlo más adelante.

Otro gran grupo de alimentos necesarios son las verduras, que deben ser frescas, de temporada y de cultivo ecológico, igual que las frutas. Deben formar más o menos el 30-35 % de nuestra dieta. El restante 5-10 % son otros productos diversos, como los condimentos, las semillas, los frutos secos, etc.

Hay que darle el valor que merece a la comida ecológica e incorporarla como un nuevo hábito. ¿Alguien quiere que los pesticidas formen parte de su dieta? Yo no, y supongo que tú tampoco. No es necesario obsesionarse ni cambiarlo todo de golpe, pero sí empezar a tomar conciencia e ir introduciendo pequeños cambios. El problema no suele ser tanto logístico o de dinero como de buena predisposición. Y de darte cuenta de que realmente te juegas tu salud y la de los tuyos. Piensa que lo que gastes ahora te lo ahorrarás en médicos o tratamientos en el futuro. Para mí es obvio que esta forma de alimentarse ya no es simplemente una opción. Es mucho más, porque es garantía de mejor salud.

Por tanto, si te quieres encontrar bien, esta es la manera. En algún momento tienes que decidir que te lo tomas en serio o no lo conseguirás. No te engañes: tu cuerpo se está desgastando día a día porque no lo nutres bien. Y esto, a la larga, puede derivar en falta de salud: cansancio crónico, ansiedad, depresión, mala memoria, problemas digestivos... o en un extremo, enfermedades más graves.

¿CÓMO PUEDES HACERLO? SIGUE ESTOS PASOS

Lo importante es hacer una compra con sentido, saber por qué compras lo que compras. Ya sé que tienes poco tiempo y que vas a lo conocido, al supermercado que ya conoces y donde tienes cada cosa ubicada y sabes que tardarás poco en comprar y podrás salir del paso más o menos airosa. Pero es que no se trata de salir del paso, sino de cuidarte, y para eso tienes que plantearte un cambio de hábitos que al principio te supondrá un poco más de dedicación y de tiempo, pero que después integrarás y te resultará igual de fácil.

Una lista de la compra básica debería incluir:

- Desayuno:
  - Copos de avena, muesli, galletas integrales (las hay

de muchos tipos y sabores) y tortas de cereales hinchados (de arroz, de maíz...).

- Té (verde o negro) y/o café de cereales.
- Leche de avena o de arroz.
- Semillas (de girasol, de calabaza, de sésamo) para las cremas del desayuno, los platos de arroz u otros cereales, las legumbres, verduras y ensaladas, cremas saladas...
- Frutos secos y frutas deshidratadas.
- Pan hecho con harina integral y levadura madre.
- Cereales integrales (pasta, arroz, quinoa, etc.).
- Legumbres (lentejas, garbanzos, azukis o judías, etc.). Si no tienes tiempo de cocinarlas, cómpralas cocidas.
- Opcionalmente puedes incluir alimentos proteicos como carnes, pescados y huevos, pero siempre ecológicos, que provengan de animales criados en condiciones dignas y acordes con su naturaleza.
- Hamburguesas vegetales o alguna otra proteína vegetal (tofu, seitán o tempeh).
- Verduras frescas en cantidad y variedad, siempre ecológicas, de temporada y a ser posible de proximidad.
- Alguna alga, como por ejemplo alga kombu.
- Aceite de oliva virgen y algún otro aceite (de sésamo, cáñamo o lino, por ejemplo).
- Condimentos: salsa de soja, sal, especias (canela, comino, etc.).

Ésta es una lista de la compra básica para toda la familia, pero es conveniente que empieces a aplicarte los cambios primero tú, introduciendo alimentos nuevos, probando algunas recetas y acostumbrándote a algunos sabores nuevos. A medida que recuperes energía y te sientas mejor, podrás lidiar con los niños y cambiar sus hábitos por otros más sanos.

Un buen hábito que puedes empezar a introducir en este quinto mes es sustituir algunos platos de carne por recetas con legumbres, que contienen grandes cantidades de proteína vegetal. Un plato ideal para tu rendimiento intelectual y el de tus hijos son las lentejas con arroz (integral, no lo olvides). Durante este mes, debes acostumbrarte a comer arroz integral al menos cuatro veces a la semana. En mi web www.sienteteradiante.com encontrarás bastantes recetas sencillas con arroz integral y con legumbres, por si no tienes costumbre de cocinarlas.

En cuanto a la proteína vegetal, empieza por probar tú alguna receta sencilla con tofu o seitán para conocer estos alimentos, acostumbrarte a ellos y aprender a cocinarlos, y luego poco a poco ofréceselos a la familia. No empieces de buenas a primeras cambiándoles el bistec de ternera por un seitán a la plancha porque lo rechazarán, te sentirás mal y te preocuparás.

Hay muchas más posibilidades de las que imaginas. Como todo cambio, al principio te costará un poco, pero motívate pensando en el beneficio a corto, medio y largo plazo para tu salud y la de los tuyos. No te pongas excusas:

cuesta lo mismo cocinar un arroz blanco que un arroz integral, freír una hamburguesa vegetal que una de carne, preparar una ensalada de lechuga y tomate que añadirle unas pipas de girasol y unas semillas de sésamo.

En cuanto a dónde hacer la compra, seguro que en tu supermercado habitual puedes encontrar la mayoría de los productos de la lista, pero tienes además la opción, comodísima, de comprar por internet. La primera vez te costará un poco más, pues tendrás que registrarte y hacer una primera lista de la compra a partir de lo que te he indicado antes, pero las veces siguientes será muy fácil. Además, en estas tiendas online te suelen describir muy bien el producto, por lo que tienes mucha información.

Los productos frescos también se pueden comprar por internet, pues te los envían a casa en menos de 24 horas, pero si prefieres ir a la tienda, puedes hacerlo una vez por semana.

La verdura y la fruta es importante que sean de origen ecológico, como ya te he comentado, y las de los grandes supermercados no suelen serlo, aunque esto está empezando a cambiar porque cada vez hay más demanda. En cualquier caso, puedes recurrir a alguna de las muchas cooperativas que hay por toda España que llevan cestas a casa con las cantidades y la periodicidad que tú elijas. Si crees que es una complicación, piensa en que tardas menos en encargar una cesta de verdura y fruta de temporada en una cooperativa agrícola que en ponerlas en bolsas y pesarlas en el supermercado. Y son mucho más saludables.

Durante la primera semana de estos 30 días haz una búsqueda por tu zona de residencia de los lugares donde puedes comprar y haz una lista en tu libreta con estos lugares, su localización, su horario y lo que puedes encontrar en cada uno. A continuación haz una búsqueda de tiendas de alimentos ecológicos online. De nuevo, te informo de que en www.sienteteradiante.com tienes acceso a una tienda online donde encontrarás todos los alimentos que te propongo a lo largo de este libro. ¡Para que lo tengas bien fácil! Poco a poco, a medida que las pruebes, irás puliendo esta lista.

Una vez que tienes claro qué tienes que comprar y dónde, verás que la nueva logística no te lleva más tiempo que la anterior. Al contrario: si te has organizado bien, puede incluso que te sobre tiempo.

Por último, tienes que hacerte con un recetario básico, pues si introduces en casa alimentos nuevos y no sabes qué preparar con ellos te vas a frustrar. Para no alargar el capítulo demasiado te remito de nuevo a la siguiente página, donde encontrarás numerosas recetas: www.sientetera diante.com y talleres de cocina en vídeo.

De todos modos, te adelanto que como mínimo tienes que aprender a preparar el arroz integral, una sopa de verduras, un estofado, unas verduras al vapor, unas lentejas, una crema de verduras, un potaje con cereal integral y algunos platos con legumbres, como el hummus. Durante este primer mes de cambio de hábitos alimenticios tienes que ponerte como objetivo aprender al menos dos recetas nuevas por semana.

En la sección de fichas prácticas encontrarás plantillas para tu lista de la compra y tus recetas.

PÍLDORA DE MOTIVACIÓN

Este libro es principalmente para ti, pues si tú estás bien también estarán bien los tuyos. Por eso, durante este quinto mes en que estás empezando a cambiar tus hábitos de compra piensa sobre todo en ti. Por supuesto, no puedes dejar de pronto de alimentar a tu familia, pero sí puedes empezar a aplicarte los cambios a ti misma y comprobar que funcionan. Luego ya tratarás de incorporar a los demás.

¿Por qué voy a seguir adelante?

Porque si aprendo a comprar con sentido, tendré los ingredientes apropiados para empezar a cocinar y a alimentarme con sentido, para tener más vitalidad y energía.

MES 6

No hagas dieta,
¡cambia tu forma de comer!

(Marta)

Llevo un mes desayunando con calma mirando por el ventanal del comedor. Ahora ya tengo en la despensa todo lo que necesito para desayunar bien. Nunca hubiera creído que un simple bol de crema de cereales podría proporcionarme tanta energía, no sólo física sino también mental. Me resulta mucho más fácil ahora lidiar con «las mañanas». Cuando despierto a los niños, después de haberme dedicado unos minutos, estoy mucho más calmada, y creo que ellos lo notan. Hace días que no me montan ninguna escena.

Ahora me gustaría poder mejorar la calidad de mis comidas. El ritmo que marca el trabajo de la oficina hace que no coma todos los días a la misma hora. La mayor parte de las veces salgo más tarde de las dos, voy al bar del barrio y tomo un plato combinado, que casi siempre consiste en un poco de verdura y algo frito o a la plancha (croquetas, pescado, lomo de cerdo...). Después me tomo un café, y en verano suele apetecerme un helado después de comer.

Me encantaría tener tiempo de poder preparar mi propia comida, o que unos enanitos invisibles vinieran por la noche a mi cocina y me prepararan un tupper con cosas sanas para llevarme al trabajo. Si pudiera llevar la comida en una fiambrera incluso tendría tiempo de ir al gimnasio un par de días a la semana y comer después de hacer ejercicio, o quizás quedarme a comer en la cantina, donde sirven sopas, ensaladas y platos sanos. Pero los enanitos no existen. Por la noche, cuando todos se van a dormir, aprovecho para prepararme la crema del desayuno del día siguiente. Ya sé, anotaré en mi lista de objetivos: «Organizar mejor mis comidas del mediodía».

A lo mejor, si me organizara y no saliera del trabajo cada día a una hora diferente, me daría tiempo de llegar a casa y comer algo rápido que tuviera medio preparado y sólo necesitara diez minutos para calentarlo, comer y volver a trabajar. Así me ahorraría el dinero del menú de cada día y seguro que mi alimentación sería mucho más equilibrada.

Muchos días mi jefa nos lleva a todo el equipo a comer fuera para que hablemos de algún tema relativo al trabajo, y otras veces vamos a comer con clientes. En ese caso solemos ir a restaurantes de calidad donde se puede elegir una gran variedad de platos. Con el poco tiempo que tengo para cocinar, cuando veo esa lista interminable de exquisiteces ¡me entran ganas de pedir de todo! De todos modos, procuro controlarme: no quedaría demasiado bien darse un atracón delante de un potencial cliente. Pero sí que suelo pedir cosas que no acostumbro a comer o comprar: foie, confit, carne roja poco hecha, pescado crudo, quiche con mucha mantequilla...

Estas delicatessen *me entusiasman, y además acostumbramos a acompañarlas de buenos vinos. El resultado es que por la tarde me siento pesada, medio adormecida y con dolor de estómago. No me gusta abusar de los antiácidos, y me han dicho que hay un té que va bien para la digestión, pero si tomo teína por la tarde me da miedo no poder dormirme por la noche. Creo que debería aprender a pedir de forma un poco más inteligente, pero no sé por dónde empezar. Además, me pierden los postres, sobre todo si llevan chocolate, nata o son tipo flan, con mucho caramelo y muy dulces, aunque procuro pedirlos sólo de vez en cuando. Cuando como de menú me controlo y en lugar de pedir un helado me conformo con un trocito de chocolate o una galletita con el café. Pero no puedo terminar de comer si no tomo algo dulce, es como si me quedara con hambre, por eso muchas veces después de comer voy a una cafetería en la que te sirven el café con una de esas galletitas o chocolatinas envueltas en papel dorado con letritas rojas...*

Para cenar suelo preparar verdura y algo a la plancha. No me gusta comer la verdura hervida de bote o congelada, de manera que tengo que limpiarla y cocerla, lo cual me lleva por lo menos media hora, durante la cual recojo un poco la casa. La plancha sí que es rápida: pescado, lomo de cerdo, salchichas... Cada día algo diferente. Y de postre un poco de fruta. A Pedro, mi hijo mayor, sólo le gustan los plátanos. A la pequeña le chiflan las uvas, cuanto más dulces mejor. Es capaz de comerse un cuarto de kilo ella solita.

A veces pienso que abuso un poco del cerdo, pero lo cierto es que es lo más fácil y rápido de preparar. La ternera es dura, y los niños prefieren comerla en salsa o rebozada, y eso siem-

pre lleva más tiempo. Cuando no he tenido tiempo de ir al supermercado recurro a croquetas o varitas de pescado congeladas, aunque intento no hacerlo muy a menudo, sólo si no hay más remedio. Y los días que no tengo fruta, les doy a los niños un yogur o un petit suisse.

Yo comía lo mismo que ellos, pero he empezado a comprar un poco diferente y a hacerme algunos platos nuevos y más sanos. Mi marido sigue comiendo doble ración de carne y muy poca verdura, porque no le gusta nada. Algunas veces se la disfrazo pasándola por la sartén con un poco de ajo o beicon ahumado, «para que sepa a algo», como dice él. A mis hijos y a mí nos gusta simplemente aliñada con un poco de sal y aceite. Si la verdura es fresca, el sabor es rico.

Los fines de semana las cenas pueden ser más variadas. A veces los niños nos piden pizza o comida china, y vamos al restaurante o pedimos que nos la traigan a casa. A mí la pizza no me gusta, y entonces me preparo una ensalada con un poco de atún o queso fresco. La comida china es sabrosa, pero después te queda esa sensación empalagosa de haber comido algo con mucho aceite y demasiada salsa dulce. Otros días, si hemos salido y llegamos tarde a casa, nos preparamos bocadillos o hamburguesas, que a los niños les encantan. Me gustaría mucho encontrar alternativas sanas a estas comidas «rápidas», pero no encuentro nada que pueda ser tan práctico. Total, sólo lo hago el fin de semana...

De vez en cuando, mi marido y yo dejamos a los niños en casa de mi cuñada y nos vamos a cenar solos, «a la luz de las velas». Él es muy carnívoro y le encantan las marisquerías.

Yo prefiero los restaurantes orientales y la cocina francesa, así que vamos alternando. No sé si será cosa de la edad, pero ahora las cenas románticas ya no tienen el mismo efecto que antes. Normalmente, cuando llegamos a casa, con la barriga llena y un par de copas de vino de más, nos derrumbamos en la cama y lo único que podemos hacer es dormir. Si estamos solos en casa, a veces hacemos el amor por la mañana, cuando nos despertamos después de haber dormido unas cuantas horas más de lo habitual. Esos días son fantásticos, pero son tan pocos...

Mi jefa me envía una semana a San Diego para asistir a un congreso internacional. Nunca he visitado esa ciudad y me hace muchísima ilusión. Además, viajaré con Maite, mi compañera de trabajo preferida. Hemos hecho un montón de planes para cuando estemos allí. El congreso termina pronto por la tarde, así que tendremos tiempo —¡por fin, tiempo!— para pasear, descubrir la ciudad y pasarlo bien.

El único problema es que antes de irme he tenido que dejarlo todo preparado. Le he hecho incluso un horario a Juan para que no se olvide de cuándo tiene que llevar a los niños a las extraescolares ni lo que debe ponerles en la mochila. No es que no tenga interés, pero siempre llega tan tarde del trabajo que suelo ser yo la que me ocupo de esas cosas. Me ha prometido que esta semana saldrá antes para ocuparse de los niños por la tarde.

También les he preparado la comida para toda la semana. Aunque mi madre me echará una mano (¡cómo no!), las ce-

nas prefiero dejarlas planificadas, porque a Juan, la verdad, no se le da nada bien. Hice una compra completa, incluyendo algún capricho para que se acuerden de mí durante mi ausencia. Luego me pasé todo el fin de semana en la cocina para dejarles la comida bien organizada y guardada en un envase para cada día, de manera que solo tengan que meterla en el microondas para calentarla.

También puse varias lavadoras y planché la ropa para que no les falte nada a los niños durante la semana. A la pequeña incluso se la he puesto ordenada en el armario para que sepa con qué vestirse cada día.

Quería ir a la peluquería antes del viaje, pero ya no me dio tiempo.

Tal vez soy un poco obsesiva, pero lo cierto es que no imagino cómo puede funcionar la familia sin mí, y lo que más me preocupa es el bienestar de mis niños: que coman bien, que no les falte nada cuando vayan al cole, que estén tranquilos. Me fío de mi marido. De hecho, confío en él plenamente, pero sé que hay cosas que no va a hacer, como lavar la ropa, por ejemplo.

Por fin hoy ha llegado el gran día. Nuestro vuelo sale muy temprano y quedamos en el aeropuerto para desayunar. Lo malo es que a esa hora pocas cafeterías están abiertas y tenemos que optar por un cruasán envuelto en plástico y un café con leche en vaso de papel. Ya nos darán algo en el avión.

A mediodía aparecen las azafatas con unas bandejitas y nos proponen que elijamos entre rosbif y pastel de atún. Nin-

guno de los dos tiene un aspecto demasiado apetitoso, pero me decanto por el rosbif. Me dan un poco de miedo los efectos que pueda tener en mi estómago un atún que no esté en buen estado.

La comida no sabe a nada, pero nos llena el estómago. Cuando llega la hora de la cena nos ofrecen sándwiches, esta vez a elegir entre jamón o queso. Sin tenerlo muy claro elijo este último.

Después de 18 horas y dos escalas, llegamos a nuestro destino y nos vamos directas al hotel para descansar, pues al día siguiente empieza el congreso.

Si alguna vez habéis asistido a una de estas ferias o congresos internacionales, sabréis que el ritmo de trabajo allí es ininterrumpido desde que entras hasta que sales. Nosotras teníamos reuniones desde las diez de la mañana hasta las cinco de la tarde, con media hora para comer. Se camina mucho, se habla mucho y se come poco. Como ya tengo experiencia, me llevo barritas energéticas y una botella de agua mineral en el bolso para aguantar. Algunos de los congresistas con los que nos reunimos nos ofrecen galletas o frutos secos.

El resultado de una semana con este ritmo de trabajo suele ser un gran desequilibrio digestivo, que en mi caso suele manifestarse en forma de estreñimiento. «Es por el cambio de agua», dicen algunos. Yo no lo tengo tan claro. Acabo manteniéndome a base de tentempiés, barritas envueltas en papel de aluminio y alguna manzana robada en el bufet del desayuno, y estoy segura de que eso tiene algo que ver.

Por la noche intentamos comer bien. Vamos a cenar a algún restaurante o comemos en el mismo hotel. Para compensar, suelo pedir ensalada, pero en este tipo de lugares las ensaladas llevan menos vegetales que otras cosas (jamón, pollo, salsas blancas, queso y hasta torreznos). Los primeros días nos pegamos unos desayunos monumentales en el hotel, donde hay de todo lo que te puedas imaginar, desde pasteles de carne hasta ensaladas de fruta pasando por tortitas recién hechas y tostadas con mantequilla. Es un placer no tener que preparar nada y poder tomar todo lo que te apetezca sin límite. Pero al tercer o cuarto día ya no me parece tan apetitoso. Me siento hinchada como un globo: me aprietan todos los cinturones y me duelen los pies. Ya tengo ganas de volver a casa y prepararme una sopita.

A medida que avanza la semana me siento más y más cansada. Los últimos días abandonamos nuestro plan de hacer turismo por la tarde porque nuestros pies ya no resisten más paseos. Admiro a algunas profesionales de más edad que yo con las que me cruzo de vuelta al hotel, que se han puesto sus mejores galas y se van con sus amigas a la ópera o al teatro. Supongo que la experiencia es un grado, pero ¿cuál será su secreto para estar tan radiantes?

Voy a preguntar a Pilar cómo organizarme para preparar tuppers saludables para comer durante la semana y qué tengo que comer cuando vayamos a restaurantes. ¿Existirá algún truco para estar fresca durante los viajes y no padecer estreñimiento ni que se me hinchen las piernas después de los vuelos? Cada vez me encuentro mejor y con más energía, y esto me motiva para seguir aprendiendo. Ya no tengo problemas para dormir y me he dado cuenta de que estoy mucho más concentrada en el trabajo. Creo que el hecho de tener la vida más organizada me ha relajado y me ayuda a estar más presente en todo lo que hago.

¿QUÉ ES LO QUE PASA?

Marta ha empezado a cambiar su hábito del desayuno y ya nota algo más de energía. Sin embargo, se encuentra con el problema de que cada día, de lunes a viernes, come de restaurante. A veces es un menú en el que puede regularse un poco, pero otras veces la tentación de la buena gastronomía puede con su voluntad. Si trabajas fuera de casa, es probable que te veas en una situación parecida.

Marta también viaja por trabajo de vez en cuando. En este caso es un viaje largo, así que tiene que comer fuera de casa durante una semana entera. Come tan mal que no tiene energías ni siquiera para disfrutar de su tiempo libre y hacer un poco de turismo. Para empezar, la comida en el avión es poco nutritiva (toda es necesariamente precocinada), y eso ya supone un día de ida y un día de vuelta. Para continuar, cae en la «trampa» de los bufets libres de los hoteles, donde la comida entra por los ojos y acabas comiendo más de la cuenta y mezclando de todo un poco. Se puede hacer esto un día, no pasa nada, pero no una semana. Para colmo, durante esa semana de feria tiene que comer rápido y mal, pues apenas tiene tiempo, y todo el que ha pasado unos días en una feria sabe que hay pocos sitios en el mundo donde se coma peor.

En definitiva, una experiencia muy desgastante para su vitalidad. Acaba «sin pilas» porque no las puede cargar: no come cereales integrales, que son los que nos dan energía a largo plazo; no come legumbres ni verduras frescas, porque es difícil encontrarlas en los restaurantes; come demasiados precocinados, productos refinados y alimentos que le van creando estancamiento digestivo, etc. El resultado es que acaba teniendo más ganas de volver a casa que de visitar San Diego. Para colmo, ve cómo algunas mujeres mayores que ella están cargadas de energía y aprovechan esos días al máximo para conocer la ciudad y relacionarse con otras personas. Y, razonablemente, se pregunta qué está haciendo mal.

Además de tener que comer fuera de casa por el trabajo y de tener que viajar de vez en cuando, el fin de semana también sale a cenar algún día o necesita relajarse y en lugar de entretenerse en cocinar, tira de pizzas, bocadillos y comida rápida. Todavía está en una rueda de la que no sabe cómo salir. Nota y sabe que tiene que cambiar más cosas. Está en el buen camino, pero su entorno no le pone las cosas nada fáciles. ¿Te suena de algo esta situación?

¿Cómo puedes mejorarlo? El nuevo hábito

Como te vengo diciendo a lo largo del libro, los nuevos hábitos suponen un esfuerzo al inicio, pero a largo plazo son la mejor solución. Las dietas puntuales no sirven de gran cosa. Todas las dietas, tarde o temprano, tienen «agujeros negros». Quiero decir que pueden servir puntualmente, pero si luego vuelves a comer como antes te sentirás cansada, pesada y... Sí, frustrada. Hay que decir las cosas por su nombre.

Así que no te estoy proponiendo una dieta, sino ¡un cambio de alimentación! Durante los últimos 30 días has empezado a comprar diferente y a probar en casa algunos productos y algunas recetas más saludables, y ahora vamos a tratar de llevar eso a las comidas fuera de casa. Te adelanto que vas a tener que hacer un esfuerzo, es decir, dedicar un tiempo a cocinar cuando seguramente no te apetecerá, pero es que no hay alternativa. O te organizas para hacerlo o seguirás arrastrándote y llevando una vida insatisfactoria. ¿Qué prefieres?

Durante todo este mes vas a tener presente todo el tiempo las proporciones adecuadas de los distintos grupos de alimentos que vimos en el capítulo anterior (aproximadamente, claro, no vas a ir con la calculadora arriba y abajo):

- Cereales integrales: 50 %
- Proteínas: 20 %

- Verduras: 30-35 %
- Semillas, aceites, algas, sal, sopas, frutos secos, fruta: 5-10 %

Si respetas estas proporciones tendrás mucha más energía y no sentirás la necesidad de comer tentempiés ni chucherías. Como ves, lo fundamental es que nuestras comidas incluyan los tres grupos de alimentos principales: cereales integrales, verduras y proteínas. El resto lo puedes ir incluyendo a tu gusto, pero sin olvidar que los aceites procedentes de semillas y frutos secos son imprescindibles para la salud de las mujeres. Los aceites ecológicos virgen extra son muy importantes porque:

- Contienen nutrientes saludables
- Aportan vitalidad
- Protegen contra el envejecimiento
- Proporcionan minerales
- Contienen carotenoides (provitamina-A, buena para el hígado y antioxidante)
- No contienen productos químicos
- Ayudan a la digestión
- Protegen el sistema circulatorio
- Ayudan a desintoxicar y mejorar el aporte de oxígeno a la sangre

Por todo esto es importante incluirlos en nuestros platos.

¿Cómo puedes hacerlo? Sigue estos pasos

Para incorporar el hábito de comer de forma más saludable también fuera de casa debes tener en cuenta algo que te comentaba en capítulos anteriores: que el desayuno y la comida son las ingestas más potentes del día, por eso debemos tomar en ellas los carbohidratos (o sea, los cereales: arroz, pasta, quinoa, trigo sarraceno, etc.). Idealmente, la comida del mediodía debería incluir cereales integrales, legumbres (judías, guisantes, lentejas, garbanzos, etc.) y verduras. Si quieres algo de carne o pescado, está bien, pero vigilando su origen. Es importante que la comida sea completa, porque si no por la noche llegaremos a casa desfallecidas y hambrientas. Es mejor comer bien al mediodía y luego cenar con moderación para asegurarnos un buen descanso.

Si la comida no incorpora las proporciones que te indicaba antes, las consecuencias son más perjudiciales de lo que imaginas porque:

- Si no comemos cereal integral, con toda seguridad desearemos algo que nos aporte glucosa por la tarde, en forma de galletas, pan, bollería, fruta, refrescos, etc.
- Si no comemos suficiente proteína de calidad (legumbre, pescado, proteínas vegetales), podemos tener carencias nutricionales (hemos de tener cuidado con la anemia. Piensa que por ejemplo después de la regla hay que reponerse y el aporte proteico es muy importante).

- Si omitimos las verduras, desearemos algo dulce como chocolate, bollería, postres, etc.

Entiendo que no siempre es fácil hacer esto y que no puedes estar todo el día calculando, pero sí debes empezar a hacer cambios. Marta cuenta que cuando va a los restaurantes le pasan dos cosas: come mal de menú porque se pasan con los fritos o va a restaurantes «buenos» y en la mayoría de los casos come platos muy pesados. La alternativa a los restaurantes son los tuppers saludables. Si cuando cocinas arroz integral, quinoa o pasta te acostumbras a echar un poco más de cantidad, ya tendrás la base de tu tupper del día siguiente. La otra mitad puede ser cualquier verdura de temporada al vapor: un día brócoli, otro zanahoria, otro calabaza, etc. Y si tienes lentejas u otras legumbres ya hervidas, basta con añadir un puñadito, o bien puedes incorporar una hamburguesa vegetal. Y con eso comes la mar de bien. Luego te tomas un té o una infusión digestiva (endulzada con estevia, regaliz o melaza, o sin nada) y puedes seguir trabajando con toda la energía del mundo (mejor no tomar postre, que enlentece la digestión y nos dará sueño).

Para preparar los tuppers son muy importantes los condimentos o aliños, que te puedes llevar aparte en un botecito. Siempre digo que la comida nos debe hidratar, que no debe ser secante, y a eso contribuye el aliño, que puede ser un poco de aceite de oliva virgen o de otra semilla (sésamo, cáñamo, lino) combinado con unas gotas de limón. También puedes añadir unas semillas de sésamo, que te aportarán mucho calcio. Si además cueces el arroz o las legumbres con un trozo de alga (kombu), tendrás un aporte extra de minerales, entre ellos también el calcio.

Si no tienes más remedio que comer en la cantina del trabajo o en el bar del polígono o del barrio, siempre puedes llevar un poco de cereal integral con semillas para complementar lo que allí te ofrecen, ya que seguramente los carbohidratos que utilicen no serán integrales. Pero, insisto, lo más recomendable es que te prepares la comida el día anterior en casa y te la lleves en una fiambrera. Estarás más sana y te saldrá más barato.

En cuanto a las comidas de trabajo con jefes, compañeros o clientes, suelen ser inevitables, pero puedes seguir algunas pautas muy útiles:

- Procura pedir platos que contengan los tres grupos de alimentos: cereales, verduras y proteínas (a poder ser legumbres; si no es posible, mejor el pescado que la carne).
- Evita las salsas, la mayonesa, la mantequilla y el pan blanco, y prescinde del postre, porque si tienes que trabajar por la tarde te dará sueño.
- Si te decantas por un plato con arroz o pasta, pide que te lo hagan un poco más de lo habitual, ya que los restaurantes suelen servirlo «al dente» y es muy indigesto (por la tarde te entrará sueño).
- Si tomas alcohol, que sea con moderación, y preferiblemente vino tinto.

- Es posible que también encuentres sopas y cremas de verduras, que son una excelente opción, siempre y cuando no lleven mantequilla o crema de leche.
- Evita sobre todo los fritos, ya que suelen hacerse con aceites de baja calidad y reutilizados.

Si vas a un banquete de boda o tienes algún compromiso similar, puedes tomar un tentempié antes de ir y allí tomar platos que contengan verduras, ensaladas y pescado. Evita las salsas y las grasas. Los postres de frutas no tienen problema, pero te recomiendo que pases de los helados y la repostería. Si te has pasado con la bebida o no has podido evitar comer de todo lo que había, al llegar a casa puedes hacerte una bebida depurativa y alcalinizante, como un té de umeboshi (hierve una ciruela umeboshi en medio litro de agua durante quince minutos. Bebe el agua y chupa un trocito de la ciruela. Tienes la videorreceta en www. sienteteradiante.com). Otros remedios para las comidas pesadas (cuando has comido demasiado o muy graso, o no te has podido resistir al postre) son el agua con limón, un té con limón o una infusión digestiva con anís, hinojo y regaliz.

Si eres de las que al acabar las comidas tienes la necesidad de algo dulce, la solución es pedir una infusión. Yo suelo llevar en el bolso algunos sobres de mis infusiones favoritas, pido agua caliente y me las preparo, así me quedo bien después de las comidas en los restaurantes. (No suelo endulzarlas, pues a mí me gustan tal cual, pero siempre puedes llevar en el bolso estevia en comprimidos y usarla si te gusta así.)

Un gran truco para poder preparar comidas saludables pero rápidas cuando llegas a casa sin tiempo ni ganas de cocinar es tener siempre en la nevera los alimentos base para organizarte una comida o cena muy saludable. Para ello necesitas:

- Tener SIEMPRE arroz integral hecho en la nevera.
- Tener otro cereal integral, como quinoa, mijo o trigo sarraceno, preparado en la nevera.
- Tener legumbres cocinadas, que podemos comprar precocinadas (idealmente en bote de cristal) o a granel.
- Caldo de verduras preparado en la nevera.
- Verduras frescas de temporada.

El arroz y el otro cereal puedes cocinarlo dos veces por semana, por ejemplo los domingos por la tarde y los miércoles. Haces una olla entera y así tienes para guardar e ir consumiendo durante toda la semana. La legumbre y el caldo igual. La tarde o la mañana o la noche que nos dediquemos a cocinar haremos el cereal, la legumbre y el caldo. Los guardaremos en la nevera, bien tapados y en recipientes de cristal, y así tendremos la base para organizar una comida estupenda en pocos minutos. El proceso sería el siguiente:

1. Al llegar calientas una taza de caldo, a la que puedes añadir miso, por ejemplo, y un poco de perejil fresco picado.
2. Calientas en una sartén pincelada de aceite (o al vapor, si quieres hidratarlo más) un poco de arroz, mientras pelas y pones al vapor una zanahoria y un poco de brócoli.
3. Calientas una ración de legumbre en una ollita.
4. Lo sirves todo en un plato: arroz + lentejas + verduras, lo aliñas con un buen aceite de oliva, sal marina y un chorrito de limón y lo acompañas con el caldo. Además, echas unas semillas tostadas de girasol por encima.

¡Y ahí lo tienes!
Si se trata de una cena, puedes hacerlo así:

1. Calientas caldo, le echas el cereal complementario al arroz que tengas hecho (mijo, quinoa, trigo sarraceno) y alguna verdura picada muy pequeña, para que se cocine en dos o tres minutos. Un poco de cebolla, unos daditos de calabaza y unas acelgas bien picaditas pueden quedar muy bien.
2. Mientras la sopa se acaba de hacer, pones algo de proteína a hacerse a la plancha o al vapor: pescado, tofu, tempeh o seitán. Un detalle importante: las proteínas vegetales son muy nutritivas, pero deben estar bien cocinadas, así que si necesitas cocinarlas a

la plancha muy rápido escoge alguna forma precocinada, como las hamburguesas o el tempeh macerado, por ejemplo. Si las tienes naturales, es mejor que dediques unos treinta minutos a su cocción, haciendo un estofado con una base de cebolla, por ejemplo, o un salteado largo con tapa.

Siguiendo con las cenas en casa, Marta tira del cerdo porque es cómodo, pero hay alternativas igual de cómodas: hamburguesas vegetales, salchichas vegetales (las hay de todo tipo: frankfurts, bratwurst, de hierbas, etc.), tofus preparados de muchas variedades para cocinar al momento (con curry, con aceitunas, con albahaca, etc.), y lo mismo de tempeh y seitán. Sólo hay que sacarlos del envase y cocinarlos a la plancha o fritos (si eso les gusta más a los niños). Para ti, si necesitas algo ligero, es mejor que te tomes una sopa calentita y nutritiva (puede llevar ingredientes variados) que una ensalada fría y un yogur, pues te dará más tono digestivo, te calentará internamente y te predispondrá mejor al descanso.

Consejos para los viajes

Para empezar, si vas a hacer un viaje largo puedes llevarte un tupper como esos que ya has empezado a prepararte para el trabajo. La comida en los aviones es la que es, y por más que encuentres una buena compañía que sirva una comida de cierta calidad, nunca será demasiado nutritiva, pues no se suelen usar productos frescos y los platos están cocinados con mucha antelación.

Después, durante los días que estés fuera, debes tener presente todo el tiempo la proporción de alimentos que idealmente debería conformar tu dieta. En el caso de los cereales, por desgracia es improbable que los encuentres integrales en los restaurantes y los hoteles. Además, vas a necesitar energía extra, pues seguramente no estarás todo el día sentada en un despacho, sino arriba y abajo. Así que vamos a intentar que más o menos el 50 % de lo que comas estos días sea arroz y pasta. El resto lo podríamos dividir en un 30 % de vegetales (esto incluye las ensaladas) y un 15 % de proteínas (preferiblemente pescado). El 5 % restante, sopas, fruta y frutos secos.

El desayuno tiene que ser abundante y consistente, pero debes resistir la tentación de llenarte el estómago de mermeladas, pastelería, grasa o dulces en general. Eso te aportará una energía muy fugaz, que no te alcanzará para llegar en condiciones a mediodía y que te llevará a picotear entre horas, por ejemplo los caramelos que se ponen en los stands de las ferias o en las largas reuniones de trabajo. La oferta en los bufets de los hoteles suele ser abundante y variada, y entiendo que eso pueda tentarte, pero probablemente a estas alturas, después de unos meses de cambio de hábitos, te cueste menos que hace un tiempo.

Cada día, al levantarte, bebe un vaso de agua natural o

caliente para rehidratarte de la sequedad que provoca viajar. Como bebida del desayuno, escoge té o infusión, pan integral, que puedes untar con tomate rallado, aliñado con aceite de oliva y sal, y algo proteico para acompañarlo, como atún o salmón ahumado, si encuentras. También puedes prepararte un bol de cereales combinando copos de maíz tostados con copos de avena, algo de frutos secos y un poco de fruta fresca troceada, por ejemplo. Yo lo hidrataría con té, mejor que con leche (si encuentras leche vegetal, estupendo, pero es improbable).

Recuerda que un desayuno salado es más alcalinizante que uno dulce y te predispone mejor a la concentración que requiere el trabajo.

Rellena el termo con una bebida que te ayude a mantenerte bien hidratada durante el día, pues seguramente hablarás mucho y estarás expuesta a un entorno medioambiental secante (calefacciones por aire, aires acondicionados y mucha contaminación electromagnética). Puede ser agua mineral con un poco de limón, un caldo vegetal, una infusión o agua con algún suplemento mineral. (Para ampliar los recursos sobre este tema puedes ver los talleres online que ofrecemos en www.sienteteradiante.com sobre bebidas alcalinizantes y remineralizantes.)

En cuanto al estreñimiento en los viajes, suele deberse a una combinación de la sequedad, el cambio de comidas y el efecto del estrés y el cansancio. Si nos hidratamos y comemos adecuadamente, seguro que evitaremos el problema. Pero por si persiste, llévate semillas de lino, que tomarás antes de acostarte previamente hidratadas (las debes dejar en remojo en un vaso unas horas antes de acostarte).

La comida del mediodía no puede ser tan abundante, pues si tienes que trabajar por la tarde estarás chafada y adormilada. Elige a ser posible un buen plato de pasta o de arroz con verduras y algo de proteína, por ejemplo un pescado o una carne magra a la plancha, y no tomes postre sino una infusión, por ejemplo un buen té.

Y la cena, a ser posible, tiene que ser frugal. Entiendo que a veces, cuando una viaja por trabajo, tiene compromisos y acaba cenando siempre de restaurante. Entiendo también que no puedes ir a cenar con alguien que te invita y hacerle el feo de pedir solo una crema de verduras, o sentarte en un restaurante con estrellas Michelin y no probar platos creativos. Ahí no hay más remedio que relajarse y disfrutar (salvo si tienes alguna intolerancia o alguna alergia, claro, y entonces tienes que advertirlo). En el resto de los casos, cena poquito y ligero (una crema, una sopa, un estofado o algo a la plancha).

Otro punto clave de la alimentación durante los viajes es la hidratación. Es fundamental, sobre todo para las mujeres, beber suficientemente: aguas, zumos, infusiones, etc. Esto no suele ser muy difícil, pero hay que tenerlo presente. No descartes poner un termo en tu maleta (no en el equipaje de mano, claro). Por otra parte, descarta el café, los lácteos y el alcohol, que aunque en un primer momento parezca que te dan energía, en realidad te la quitan (fíjate, si no, en cómo estás al día siguiente).

PÍLDORA DE MOTIVACIÓN

Cuando viajamos solemos romper con algunas de nuestras rutinas. Es por eso que a veces se nos olvida beber líquido con frecuencia durante el día. Estamos en una dinámica diferente a la habitual. No tenemos a mano nuestra botella de agua o la máquina dispensadora de la empresa y además estamos muy ocupadas, así que al final se nos olvida hidratarnos.

Un buen truco para «anclar» un nuevo hábito es ligarlo a otro ya instaurado. Por ejemplo, si lo que quieres es hidratarte a lo largo del día, puedes adoptar la costumbre de tomarte un té o un vaso de agua o un caldo cada vez que vuelvas del baño. Si la bebida es alcalinizante, de paso previenes el cansancio. O bien, si lo que quieres es combatir el estrés de los viajes, puedes hacer diez respiraciones profundas y conscientes después de lavarte los dientes (si te los lavas tres veces al día, puedes hacer tres tandas de respiraciones).

Se trata, en definitiva, de asociar el nuevo hábito que queremos incorporar con otra rutina ya incorporada.

¿Por qué voy a seguir adelante?

Porque quiero cuidarme cuando salgo de viaje o como fuera de casa.

MES 7

Tu cuerpo necesita moverse:
haz ejercicio

(Marta)

El otro día fuimos a la playa. Nada más levantarnos, los niños se pusieron el bañador, preparé una gran ensalada a base de arroz integral y garbanzos y unos zumos, nos untamos de crema solar y cargamos hasta el coche con sombrillas, palas, cubos y flotadores. Yo estaba blanca como la leche porque era el primer día de sol para mí, así que me enfundé un sombrero, unas gafas de sol y unos pantalones sueltos que escondían el color traslúcido de unas piernas que no habían visto la luz desde hacía meses.

Después de una mañana más o menos tranquila, salvo por haber tenido que meterme en el agua helada rodeada de niños gritones, pelotas hinchables y parejitas desinhibidas bajo las olas, emprendimos la vuelta, untados de crema hasta la orejas y con un calor de justicia. Cuando llegamos al coche, me fijé en Juan. Él siempre está guapo. Con su camisa, sus bermudas y sus zapatillas náuticas, el cabello canoso pero siempre en su sitio, el rostro moreno surcado por alguna arruga que no hace más que acentuar su atractivo. Parecía que acabara de salir de casa. Yo, en cambio, me miré en el

espejo retrovisor y casi me muero del susto. El pelo desorde-
nado (aunque acababa de peinarme), la piel roja a pesar de
los litros de crema que me había puesto, la ropa pegada al
cuerpo por culpa de la sal y el sudor, haciendo resaltar mis
michelines, y el cutis mostrando unas patas de gallo que nor-
malmente sólo puedo cubrir con el maquillaje. Me dieron
ganas de gritar.

¿Por qué él envejece tan bien y yo necesito pasar horas
peinándome y maquillándome para conseguir un aspecto
medio decente? No me parece justo. Desde que cumplí los cua-
renta, mi cabello empezó a deslucirse por culpa de los tintes
de la peluquería, veo mis ojos apagados y tengo arrugas en la
comisura de los labios que me recuerdan que cada día me
parezco más a mi abuela. La barriga no baja ni a la de tres, al
contrario que los pechos, que empiezan a ceder a la ley de la
gravedad, y además me aparecen bolsas bajo los brazos cuan-
do los levanto... Ya estoy otra vez pensando en cosas negati-
vas. Voy a respirar profundamente y a intentar parar esta
verborrea interior que sólo me hace daño.

Muy bien, ahora tomo mi libreta y apunto: la edad nos
trae aprendizaje. Soy más fuerte y más sabia, pero también
debo cuidarme más. Voy a prestar más atención a mis pensa-
mientos y a mis actos, y voy a tener en cuenta todos aquellos
hábitos que pueden servirme para cuidarme y tener mejor
aspecto.

Por suerte, soy una persona sana, nunca he padecido en-
fermedades graves y considero que a pesar de mi edad toda-
vía tengo mi punto. Leí hace poco en un periódico digital que

hoy en día la esperanza media de vida de la mujer española es de 85 años, y la del hombre de 79. Claro que esto se calcula con las personas que hoy en día tienen esa edad, y la mayoría de las mujeres de esa generación no trabajaron fuera de casa. Me pregunto cuál será esa cifra cuando lleguemos nosotras a la tercera edad, después de haber parido, criado y educado a nuestros hijos intentando al mismo tiempo dar la talla a nivel profesional y compitiendo con los hombres por conseguir el mismo sueldo que ellos.

En cualquier caso, yo quiero llegar a los ochenta y cinco con energía y buen humor. Quiero ser una abuela activa, cuidar de mis nietos si me necesitan y ponerme enferma lo menos posible para poder disfrutar de la vida. El tiempo pasa volando, es escaso y al mismo tiempo acecha detrás del espejo, recordándome que ya no soy aquella jovencita que atraía las miradas de los chicos, y que no volveré a serlo nunca. Cualquier día de éstos mi regla desaparecerá y empezaré a padecer sofocos, mis caderas se ensancharán y tendré más riesgo de padecer un infarto de miocardio. Y a todo eso me enfrentaré yo sola, con valentía y sin miedo, porque frente a nosotras mismas siempre estamos solas, aunque tengamos parejas que nos quieran, familiares que nos besen, hijos que nos llenen de alegría. Y somos nosotras las que debemos tomar las riendas de nuestro estado.

Recuerdo mis embarazos como la época de mi vida en que me sentí más plena, más bella y más llena de energía. Observaba mi silueta reflejada en los escaparates cuando caminaba por la calle y me sentía orgullosa de mí misma. La sonrisa no me abandonaba nunca. Cuando despertaba por la mañana le daba los buenos días al bebé que vivía en mi vientre y el día transcurría alegremente. Supongo que tuve suerte, no padecí nunca náuseas ni dolores de espalda, como algunas de mis amigas, que incluso tuvieron problemas de salud graves y se pasaron todo el embarazo en cama. Yo fui muy feliz.

Ahora que estoy comiendo de forma más sana y que he descubierto que puedo encontrar tiempo libre para mí misma me estoy planteando empezar a hacer ejercicio. Pero ¿por dónde empiezo? ¿Me calzo unas zapatillas y salgo a correr? Lo más probable es que mis pulmones o mis piernas no lo soporten durante más de cinco minutos, hace mucho tiempo que no me muevo.

Me he apuntado al gimnasio y me he borrado varias veces en los últimos años, pero lo cierto es que nunca encuentro el momento de ir, y lo más probable es que el día que aparezca por allí no me conozca nadie. Creo que si tuviera una pauta sobre qué debo hacer sería más fácil. ¿Qué es mejor, ir un par de veces por semana a practicar en las máquinas o machacarse una tarde entera haciendo ejercicio muy intenso? ¿Son mejores los estiramientos o las clases de aeróbic? Si tuviera un poco de orientación creo que me resultaría más fácil motivarme. Nunca he sido una gran deportista, y no tengo ni idea de lo que tengo que hacer. Espero que Pilar pueda orientarme.

¿QUÉ ES LO QUE PASA?

Al inicio del libro, tanto en la introducción como en el primer capítulo, te hablaba de la problemática especial a la que nos enfrentamos las mujeres que ahora estamos en edad productiva en España y otros países avanzados. Es una nueva problemática, algo que no había pasado nunca antes: una generación de mujeres que hemos querido lograr las más altas cotas profesionales sin renunciar a la maternidad, la vida de pareja y la familia. Es muy probable que el sobreesfuerzo que estamos haciendo nos pase factura dentro de unos años. Más aún, es seguro que lo hará si no nos tomamos en serio la necesidad de cuidarnos en todos los sentidos.

Como has ido viendo, te he propuesto una serie de nuevos hábitos que, si has llegado hasta aquí, habrás ido incorporando y te habrán ayudado a tener más energía, más claridad mental y más optimismo vital. No son las únicas cosas que puedes hacer, por supuesto, pero es una buena selección de nuevos hábitos saludables que te permitirán vivir mejor tu presente y tu futuro como mujer.

Aun a riesgo de hacerme pesada, permíteme que te insista en una cosa: si no te cuidas tú, no lo va a hacer nadie. En el último episodio de la vida de Marta, nuestra protagonista va a la playa con toda la familia y se da cuenta de que su marido resiste bastante bien el paso de los años y sigue pareciéndole atractivo, mientras que ella tiene el pelo estropeado, michelines, ojos apagados y un aspecto envejecido en general. Y eso que todavía es joven. ¿Cómo estará, de seguir con el mismo ritmo de vida, cuando llegue a los 50, a los 60 o a los 70 (si es que llega)? Como te decía, no hay casuística ni cifras todavía sobre estas últimas generaciones de mujeres que estamos «apechugando» con todo y tratando de hacerlo lo mejor posible. Pero cuesta poco imaginar que, de no priorizarnos, vamos a ser víctimas de un montón de enfermedades degenerativas, físicas y mentales. Dudo mucho que lleguemos en las mismas condiciones que nuestras abuelas. Así que, si quieres tener una buena edad de oro, ya sabes: ¡ponte las pilas!

¿Cómo puedes mejorarlo? El nuevo hábito

Afortunadamente, no es tarde y el cuerpo es muy agradecido. Está claro que a determinadas edades no vamos a tener el cuerpo que teníamos con 20 o 25 años. También está claro que cada una tiene el cuerpo que tiene, y que algunas mujeres se han dado mucha «caña» y llegan a los 50 (¡o incluso a los 40!) muy estropeadas. Pero si has empezado a cuidarte seguro que ya estás notando mejoras, y si sigues haciéndolo, te aseguro que te sentirás mucho mejor que antes.

Seguramente te habrás fijado en que todavía no hemos hablado del ejercicio físico. No es que no sea importante, pero lo he dejado a propósito para este séptimo mes porque para hacer ejercicio y mantener la voluntad de hacerlo regularmente es necesario tener un mínimo de energía. ¿Te imaginas que al principio del libro, el primer o el segundo mes, te hubiera dicho que tenías que practicar ejercicio cada día durante una hora? Me habrías dicho, y con razón, que no era realista, que con lo cansada que estabas sólo te faltaba eso. Así que, después de los cambios de hábitos alimenticios y de organización, ahora sí ha llegado el momento de tonificar la musculatura y sentirte mejor con tu cuerpo.

¿CÓMO PUEDES HACERLO? SIGUE ESTOS PASOS

Te diré, no obstante, que no hay que obsesionarse con practicar deporte. Un estudio de National Geographic demostró hace unos años que las mujeres más longevas, las que vivían mejor y llegaban a edades más avanzadas en mejores condiciones, no practicaban ningún deporte. Estas mujeres viven en islas como la de Okinawa en Japón o el Valle de Hunza en Pakistán, y nunca se han puesto un maillot o unas deportivas, a pesar de lo cual muchas de ellas han llegado a los cien años en muy buenas condiciones. Eso sí, en la mayoría de los casos realizan numerosas actividades físicas cada día, principalmente caminar, pues suelen desplazarse andando de un lugar a otro.

En nuestra vida actual, sobre todo si tienes un trabajo sedentario, el ejercicio es beneficioso para:

1. Mejorar las sensaciones físicas. Hacer ejercicio fortalece el corazón, activa la circulación, aumenta la oxigenación, favorece el tono muscular, incrementa la fuerza y la flexibilidad de los huesos, refuerza el sistema inmunológico y, en general, mejora nuestra condición física.

2. Prevenir las enfermedades cardiovasculares. Ayuda a controlar el colesterol y el nivel de glucosa en sangre, reduce el riesgo de infarto y de formación de coágulos cerebrales, ayuda a bajar la presión alta, etc.

3. Tener conciencia corporal. Esto quiere decir que cuando hacemos ejercicio estamos prestando atención al cuerpo y no a los pensamientos. Uno de los mayores beneficios del ejercicio es detener la actividad de la mente y dejarla descansar. Así ganamos en concentración y en claridad mental, y conectamos con nuestra intuición y nuestra creatividad.

4. Mejorar la autoestima. Al hacer ejercicio sentimos que vamos mejorando y que nos acercamos a nuestro estado deseado, que somos dueñas de nuestra vida, y eso contribuye a aumentar nuestra autoestima. También mejora nuestro aspecto físico, nos rejuvenece y nos ayuda a controlar el exceso de apetito y, por tanto, el peso. Todo eso repercute positivamente en nuestra autoestima, en la sensación de control y en la autoconfianza.

5. Atemperar las emociones. Según varias tradiciones

orientales, las emociones se alojan en los órganos internos y, en general, en el cuerpo. Si además de alimentarnos bien y tener otros hábitos saludables hacemos ejercicio, nuestros órganos drenan más fácilmente las emociones tóxicas.

6. Dormir mejor. Si se hace ejercicio con la intensidad adecuada, ayuda a disminuir el cansancio y descansar mejor por la noche.

Más que un ejercicio intensivo esporádico, lo que nos interesa para mantener un buen tono muscular y vital es el ejercicio moderado regular, a ser posible diario. De hecho, durante este primer mes tendrás que practicar al menos día sí y día no, de modo que se convierta en costumbre. Me dirás que es imposible, que no tienes tiempo de ir al gimnasio tan a menudo. Y yo te contestaré: «Lo entiendo, pero con 20 minutos de una rutina variada en casa es suficiente» (en www.sienteteradiante/videos/ejercicio.com tienes vídeos con rutinas variadas que puedes combinar para hacer cada día desde casa).

Esto no quita que, si quieres y puedes, vayas también al gimnasio a correr o nadar, o a clase de zumba o de lo que sea. Si te gusta nadar, nada; si te va el baile, baila; si prefieres el yoga o el pilates, adelante; si lo tuyo es caminar largas distancias, haz senderismo, etc. En cualquier caso, ten en cuenta lo que acabo de decirte: lo mejor no es hacer mucho de una vez, sino suficiente de forma regular.

Si tienes tiempo, lo mejor es que vayas a un gimnasio.

Durante la primera semana de estos 30 días busca uno cercano, planifícate y pon en tu agenda los días y las horas a las que irás, como mínimo 2-3 días por semana. Luego compra lo que te falte del equipo. Es importante que te sientas cómoda con la ropa que lleves. Durante la segunda semana prueba las clases que quieras hacer o los ejercicios para familiarizarte. El objetivo es que al final de este mes ya hagas ejercicio de forma regular sin que te suponga un gran esfuerzo de planificación. Porque lo importante es la regularidad, más que el esfuerzo puntual de un día.

Si no puedes ir a un gimnasio, puedes hacer el ejercicio en casa. Con 20 minutos un día sí y otro no es suficiente. El ejercicio puede consistir en tres o cuatro series de 20 sentadillas, 20 abdominales, 20 flexiones y 20 saltos. Como ya te he avanzado, en mi página web tienes varias rutinas, según lo que prefieras trabajar.

Hay que controlar la intensidad, pues se trata de estar en forma, no de machacarse una tarde y luego pasarse tres o cuatro días con agujetas. Lo importante, insisto, es la regularidad, el mantenimiento. Y que la intensidad sea suficiente para sentir que nuestros músculos han trabajado, pero sin agotarnos.

CONSEJO: ¡REHIDRÁTATE CONSTANTEMENTE!

Como te explicaba en capítulos anteriores, las mujeres tenemos que tener cuidado con la pérdida excesiva de fluidos, que nos reseca por fuera y por dentro. La hidratación es importantísima para nosotras, de ahí mi insistencia en el consumo de aceites de buena calidad y en tomar líquidos varias veces al día. Si haces ejercicio con regularidad, tienes que ser consciente de que vas a sudar y necesitarás todavía más hidratación. Tienes que reponer todo lo que gastas con el ejercicio. Si vas a correr o a hacer spinning, no te olvides de llevar contigo una botella de agua mineral, a ser posible enriquecida con suplementos de vitaminas y minerales.

Por cierto, es importante la calidad del agua que bebemos, pues no todas las aguas son iguales. Un agua de buena calidad, con un alto contenido en minerales, puede ayudar a prevenir enfermedades y a retrasar el proceso de envejecimiento. Además de aportar minerales esenciales, contribuirá a facilitar el flujo sanguíneo normal y mantener el pH en unos niveles adecuados. (Puedes profundizar un poco más sobre el tema del agua en mi página web.)

Con el tiempo y la práctica diaria del deporte adquirirás de nuevo confianza en ti misma y volverás a verte atractiva. Y te será más fácil dejar de autocriticarte, como hace Marta, y aprender a aceptar tu cuerpo, verte con mejores ojos y gustarte. Y si te gustas a ti misma, seguro que también gustarás a los demás.

PÍLDORA DE MOTIVACIÓN

En todos los procesos de mejora es muy útil formar parte de un grupo que te ayude a mantenerte enfocada y motivada. Por ejemplo, un foro en internet o un grupo de amigas, vecinas, etc. que empiecen el plan de cambio al mismo tiempo que tú. El apoyo moral y el compromiso con el grupo te hacen sentirte acompañada y te ayudan a superar los obstáculos y seguir adelante.

Otra forma de motivarte es colocar fotos en lugares estratégicos de la casa (la nevera, el baño, el despacho, etc.) que representen lo que quieres conseguir. Por ejemplo, de mujeres de aspecto saludable haciendo ejercicio o disfrutando de alguna actividad al aire libre. Al principio la familia puede mirarte raro e incluso criticarte, pero si ven que estás convencida de lo que haces, te dejarán en paz o incluso te apoyarán.

¿Por qué voy a seguir adelante?

Porque el ejercicio tiene un montón de beneficios para mí, físicos y emocionales: me da salud, autoestima, confianza, seguridad y vitalidad.

MES 8

*Conecta con
tu silencio interior*

(Marta)

¡Qué complicado es organizarse cuando aparecen imprevistos! La semana pasada mi hija pequeña se puso enferma. «Gripe», dijo el médico, «pero se le han cargado bastante los pulmones. Tendrá que estar en casa una semana». Normalmente, en estos casos mi salvavidas es mi madre. Pero esta vez las cosas no fueron tan fáciles. «Yo también tengo gripe, y principio de bronquitis», me dijo cuando la llamé. «No puedo moverme de la cama.»

Al ser domingo por la noche, no me dio tiempo a buscar a nadie que pudiera quedarse con mi hija al día siguiente y tuve que faltar al trabajo. Por la mañana hablé con una amiga cuya hija está estudiando enfermería y hace trabajos de canguro y conseguí convencerla para que viniera el martes y el miércoles. El viernes mi suegra regresaba de una excursión con sus amigas y podría quedarse con la niña, pero el jueves tendría que volver a faltar a la oficina.

Al día siguiente, cuando se lo dije a mi jefa, me miró por encima de sus gafas de pasta negra y me dijo: «Deberías organizarte mejor. No puede ser que un simple imprevisto te im-

pida llevar una vida normal». Consiguió lo que estoy segura de que buscaba: encenderme por dentro. Ahora tenía dos problemas: intentar salvar la semana de crisis lo mejor posible y digerir el cabreo que me habían producido sus palabras. ¡¿Una vida normal?! ¿Qué será eso para ella? ¿Tener todo absolutamente bajo control y que nunca pase nada? Me consolé pensando que ella nunca disfrutaría del placer que proporciona que alguien te diga: «Mamá, quédate conmigo. Eres la persona que mejor me cuida».

Conseguí sobrellevar mi enfado y volví a concentrarme en el trabajo, pendiente en todo momento del teléfono por si la canguro me llamaba. A media mañana, Marga, la secretaria, interrumpió una reunión para avisarme de que llamaban de casa. «Me han dicho que es urgente», añadió con cara de preocupación.

Salté de la silla y corrí a coger el teléfono. Era la canguro. La niña estaba bien, no era ése el problema, sino que se había reventado una cañería y el baño estaba inundado. «He encontrado la llave de paso y la he cerrado», me dijo la aspirante a enfermera. «Pero está todo hecho un desastre.»

Volví a entrar en la sala de reuniones y le expliqué lo sucedido a mi jefa. «¿Y tú no tienes un marido?», me dijo insinuando una media sonrisa como para hacerse la graciosa. «Sí», le contesté, «pero es cirujano y cuando está en el quirófano no se le puede llamar por teléfono». Cogí el bolso y me fui.

Poco a poco las cosas volvieron a la calma, pero mi estado de ánimo parecía haberse quedado anclado en una mezcla de ansiedad y mala leche que no podía quitarme de encima. Aquella tarde, como hecho a propósito, me llegó uno de esos correos que circulan por internet. Decía así:

Una madre y un padre estaban viendo la televisión, cuando la madre dijo: «Hoy estoy cansada; me voy a dormir». Fue a la cocina a preparar unos bocadillos para los niños, lavó los platos, sacó del congelador la carne para el almuerzo del día siguiente, revisó que hubiera cereales, puso los cubiertos en la mesa y preparó la cafetera para el día siguiente. Luego planchó dos camisas y cosió un botón que faltaba en una. Guardó unos juegos que habían dejado los niños sobre la mesa, regó las plantas, tiró la basura y colgó unas toallas para que se secaran. Bostezó, se desperezó y se fue para su cuarto, pero paró en el escritorio y escribió una nota para el profesor de la pequeña, colocó dinero en un sobre para una excursión, recogió un cuaderno que estaba debajo de la silla, preparó una tarjeta de felicitación para una amiga, selló el sobre e hizo una pequeña lista para el mercado.

En ese momento escuchó al esposo que desde la sala le dijo: «Pensé que te habías ido a dormir». «A eso voy», contestó ella. Pero antes le puso agua al gato, revisó que las puertas estuvieran cerradas, entró en la habitación de cada uno de los chicos, apagó una luz que se habían dejado encendida, colgó una camisa, guardó unas medias en el cesto de la ropa sucia y habló un poco con el hijo mayor, que todavía estaba estudiando. Ya en su cuarto, puso el despertador, preparó la ropa para el día siguiente y ordenó los zapatos. Después se lavó la cara, se puso la crema, se lavó los dientes y se arregló una uña partida. Justo en ese momento el esposo apagó la televisión y dijo: «Me voy a acostar». Y se metió directamente en la cama.

Me sentí identificada y horrorizada al mismo tiempo.

Cuando llegó el viernes y por fin salí de la oficina, antes de volver a casa bajé hasta la playa, aprovechando que mi suegra estaba con la niña. El sol ya se estaba poniendo y no había casi nadie por allí. Me quité los zapatos, caminé descalza sobre la arena y me acerqué al mar, respirando profundamente para inundarme del olor a olas y sal. Me senté y observé el horizonte, donde se dibujaba la silueta de un velero que pronto desaparecería de mi vista. Volví a respirar profundamente y, por fin, un torrente de lágrimas se abrió paso a través de mis ojos.

Me di cuenta de que, aunque estoy empezando a llevarlo todo mejor, con más organización y más vitalidad, aún hay momentos en que me siento sobrepasada. Es cierto que algo se está abriendo dentro de mí: una nueva Marta está naciendo. Los días son intensos, llenos de trabajo, tareas, responsabilidades e imprevistos, pero parece que empiezo a ver las cosas de otra manera. Sin embargo, el día a día todavía está lleno de ruido: ruido en la calle, ruido en la oficina, ruido en casa... Y cuando el barullo cesa, el ruido de mis propios pensamientos no me deja descansar en silencio: pensamientos de culpa, de obligación, de responsabilidad... Solamente entro en el silencio cuando apago la luz y me voy a dormir.

Desde hace unas semanas me siento mejor físicamente: como de forma saludable, estoy haciendo ejercicio regularmente, mis relaciones familiares y sociales han mejorado mucho y cuando me miro al espejo y me reconozco, vuelvo a ser yo, me tengo en cuenta, me estoy respetando, y sé que merece la pena prestarme atención. Pero también me doy

cuenta de que cada día anhelo más tener momentos de sole-
dad y silencio para mí misma. Es un deseo que surge de lo
más profundo de mi alma, una búsqueda de calma que no
había sentido nunca antes. ¿Qué me estará pasando? Tengo
que hablar con Pilar sobre este tema, estoy segura de que ella
me entenderá.

¿QUÉ ES LO QUE PASA?

Todavía hay quien considera que cargar con el peso de las
tareas domésticas no sólo es una obligación de las mujeres,
sino que además nos dignifica. Y por desgracia muchas de
nosotras llevamos en nuestras conciencias esta falsa creen-
cia, fruto de milenios de cultura patriarcal. Algunas se
niegan a entrar en el juego y renuncian a la vida familiar o
a ser madres, volcándose únicamente en su vida profesional. Pero todo, en su justa medida, es compatible.

Muchas de nosotras sentimos como si tuviéramos que
rendir cuentas, o como si alguien nos fuera a examinar y
tuviéramos que ser aplicadas, dejarlo todo hecho y orde-
nado. Pero ¿tú pondrías a alguien a hacer todo lo que tú
haces en un día? Entonces, ¿por qué lo haces tú?

Al final, entre el ruido exterior y el interior, no podemos
disfrutar de ningún momento de verdadera calma interior.
Nuestra querida Marta se da cuenta de eso cuando, después de una semana llena de imprevistos y reajustes, puede
relajarse y siente que, aunque lo ha llevado mejor que antes,

tiene el anhelo de poder disfrutar de momentos de calma y silencio interior. Tiene ganas de poder sentarse o pasear de vez en cuando a solas consigo misma, sin el ruido del trabajo, la casa, la calle y la vida en general. Es algo que antes ni percibía ni se planteaba, pero que ahora surge como una necesidad espontánea y firme. Esto es posible porque tiene más energía. Espiritualmente, se dice que la conciencia «cabalga» sobre la energía, es decir, que no podemos aumentar nuestro nivel de conciencia y percepción si no tenemos energía. Por eso hemos empezado con los hábitos más básicos, como son eliminar los alimentos que nos producen bajadas de energía, dispersión y fluctuaciones emocionales (azúcar, café, alcohol, grasas, tóxicos, etc.) y sustituirlos por otros que nos proporcionan energía, mejoran nuestra digestión y nos hacen estar más tonificadas.

Marta, como espero que tú también, está empezando a recuperar su energía vital y su condición de ser humano «normal», o sea, no agotado. Por eso empieza a notar que surge en ella el anhelo de conectar con su yo profundo y aprovechar su potencial humano en lugar de limitarse a sobrevivir. Es algo que sólo puede suceder cuando deja de estar agotada.

¿CÓMO PUEDES MEJORARLO? EL NUEVO HÁBITO

Estamos educadas para mirar hacia fuera y dar sin pensar, pero hay que mirar un poco hacia dentro. Eso es lo que vamos a hacer durante este octavo mes de tu cambio de hábitos: mirar hacia dentro y desconectar de los ruidos, no sólo del de los coches, de las conversaciones a nuestro alrededor o de las obligaciones, sino también de los ruidos internos de nuestro diálogo interno, nuestra «cháchara mental». Estos segundos son los más difíciles de apartar, pues aunque nos vayamos a un desierto van a estar ahí. Han estado ahí desde siempre y te has acostumbrado a ellos, y justo ahora empiezas a ser consciente de que existen. A veces te parecía que estabas en silencio y, sin embargo, estabas sometida a tu «ruido» interno.

Por tanto, durante este mes te propongo que instaures el hábito de tener momentos de silencio exterior e interior.

¿CÓMO PUEDES HACERLO? SIGUE ESTOS PASOS

Imagina un lago lleno de gente nadando, chapoteando, jugando o navegando. La superficie no deja de moverse y el agua está agitada. Imagina que de pronto todo el mundo se va y sólo queda una ligera brisa acariciando la superficie y formando pequeñas ondas o dibujos. Es suave, pero nos impide ver el fondo, pues sigue agitando levemente la superficie del lago. Tu «misión» durante este mes va a ser intentar aquietar esa brisa para tratar de ver qué hay bajo el agua. Con el tiempo descubrirás que hay tesoros increíbles, talentos y dones que te hacen única: la creatividad, la intuición, la compasión, el amor universal... En realidad, se trata de una gran aventura, la aventura de la vida, de entender por qué estamos aquí y qué hemos venido a hacer. Eso es con lo que tenemos que conectar, y lo vamos a hacer instaurando el hábito de la meditación. Lo vamos a hacer en dos fases:

Fase 1:

Para empezar, trata de no actuar de manera compulsiva. Detente un momento e identifica las cosas que son realmente importantes. Te darás cuenta de que a veces sobreactuamos. No pasa nada si no sacudes el sofá cada día, o si confías algunas tareas a tu pareja o tus hijos. Seguro que ellos también son capaces. Cometemos a menudo el error de pensar que acabamos antes si lo hacemos nosotras. Y así se nos van acumulando decenas de actividades y acabamos agotadas.

Te sugiero el siguiente ejercicio de toma de conciencia: anota en una hoja de tu libreta (o en dos, porque seguro que en una no te cabrán) todas las tareas que haces en un día cualquiera. Hazlo durante una semana y te darás cuenta de lo mucho que te exiges. Después selecciona las que son imprescindibles y pásalas a una nueva hoja. De ésas, ve delegando todas las que puedas en tu pareja y tus hijos, si ya tienen edad para asumir algunas tareas domésticas, durante el resto del mes.

Con esos cinco minutos que ganarás, vas a hacer lo siguiente durante las primeras dos semanas de este mes: cada día, antes de ir a dormir, por ejemplo justo después de lavarte los dientes, vas a hacer diez respiraciones profundas y lentas fijándote en cómo respiras. Un buen truco para acordarte es asociar este nuevo hábito a otro que ya tengas incorporado en tu vida, como lavarte los dientes. De esta forma, siempre que te laves los dientes te acordarás de que tienes que hacer unas respiraciones profundas, tomar conciencia y relajarte.

Te sugiero que lo hagas también en otros momentos del día, por ejemplo después de comer, cuando viajas en el autobús o vas en coche, etc. Es un momentito en el que te aíslas del exterior y te fijas sólo en tu respiración, y que sirve para frenar, tomar conciencia de tu cuerpo y de tus pensamientos y actuar con más serenidad.

Muchas veces el estrés hace que respiremos de manera superficial y acelerada, lo cual nos resta energía. Por eso tienes que tratar de respirar bien: para oxigenar bien tu sangre, tus músculos, tus tejidos y tus órganos. Esto afecta a tu nivel de energía, de vitalidad y de estrés, así como a tu descanso, tu capacidad de concentración y tu estado emocional. Respirar bien nos ayuda a afrontar todas las situaciones de la vida de una forma más equilibrada. La forma ideal de respirar es tomar aire profundamente con respiraciones largas que impulsen el diafragma hacia abajo, hinchen el abdomen y nos llenen al máximo los pulmones.

Fase 2:

Ahora empiezas a estar preparada para meditar. No te olvides de ponerlo en la agenda, aunque creas que no es necesario y que te acordarás. Es importante que la mente sepa que el recordatorio está ahí.

Hay muchas tradiciones espirituales, maestros y escuelas que enseñan a meditar, cada uno según sus costumbres. No vamos a entrar aquí en esa complejidad, sino simplemente a darte unas pautas para que empieces a meditar. Luego, si quieres profundizar, seguro que sabrás encontrar el tipo de meditación más apropiado para ti.

Si consigues convertir la meditación en un hábito diario realmente puede cambiarte la vida, pero de momento vamos a tratar de hacerlo durante los siguientes 15 días de este mes, después de acostumbrarte a respirar mejor.

Meditar es algo tan sencillo como sentarse en silencio con una misma. Ponte ropa cómoda y busca un lugar donde puedas estar sin ruidos durante un rato, a ser posible siempre el mismo, para que lo asocies a la meditación. Es importante la postura: tienes que tener la espalda recta y la columna alineada, tanto si te sientas en una silla como en el suelo. El resto del cuerpo debe estar en reposo, con la cara relajada, especialmente la mandíbula. Tápate con una mantita para no coger frío o tenla cerca por si acaso. Empieza respirando profunda y conscientemente para llevar la atención al cuerpo. Céntrate en la entrada y salida del aire de tu nariz o en el movimiento del abdomen. No tienes que conseguir nada, ni llegar a ninguna parte, por eso no debes crearte ninguna expectativa. Tampoco te debes poner tensa si no consigues parar los pensamientos, porque eso es dificilísimo. No se trata de parar los pensamientos, sino de no seguirlos, de dejarlos pasar.

No hace falta que hagas nada más: ya es mucho conseguir estar presente en el cuerpo durante 10-15 minutos sin pensar en todo lo que te ha pasado durante el día o en lo que tienes que hacer.

A medida que vayas instaurando el hábito, cada vez lograrás mantenerte más tranquila y enfocada con menos esfuerzo y más naturalidad. Durante esos primeros 15 días, no te plantees otra cosa que este ejercicio que te propongo. Si puedes hacerlo por la mañana, antes de ir a trabajar, mucho mejor, porque por la noche es muy probable que estés cansada y te duermas. Pero si no tienes otro momento, hazlo por la noche y trata de relajarte sin dormirte. Es posible que ahora que tienes más energía no arrastres tanto cansancio y puedas hacerlo. De todos modos, no te recomiendo hacerlo en la cama, justamente porque es un lugar que asociamos al sueño y es fácil que te quedes dormida.

Puedes acompañar la meditación de un pequeño ritual en el que enciendas algún incienso aromático y pongas música relajante, pero esto es totalmente opcional. Hay personas a las que la música, en lugar de ayudarlas a entrar en un estado de serenidad, las despista y les impide concentrarse.

El acto de centrarte en ti misma te va a dar seguridad y poder personal, y vas a transmitir eso a los demás en forma de una especie de magnetismo auténtico, nada impostado, pues estás conectando con tu esencia. Es entonces cuando realmente puedes irradiar lo que tú eres y aportar algo auténtico a tu alrededor.

Si deseas profundizar, en www.sienteteradiante.com encontrarás un listado de recursos, entre ellos libros sobre meditación y sobre *mindfulness*, que es algo así como una adaptación de la meditación al estilo de vida occidental. Se podría definir como la vida con plena presencia, estando presente en cada momento al cien por cien, sin perdernos en el pasado o en el futuro, en elucubraciones, especulaciones, recuerdos o imágenes mentales. En la misma página web también puedes encontrar meditaciones en audio. Al principio es útil usar este tipo de meditaciones guiadas, sobre todo si la meditación es algo totalmente nuevo para ti.

CONSEJOS PARA EL CONTROL DE LAS EMOCIONES

A medida que integres la práctica de la meditación y la conexión con tu silencio interior irás cogiendo más confianza en ti misma y tendrás más control de tus emociones, del miedo, los celos, la inseguridad, la rabia, etc. Sentirás que ya no te dejas arrastrar tanto por las emociones y que eres capaz de reaccionar con más calma y equilibrio ante hechos, noticias o situaciones que antes te alteraban mucho.

De alguna manera es como si desarrollaras una visión panorámica que te permite ver venir las situaciones conflictivas y decidir cómo reaccionar ante ellas. Es cierto que todas tenemos un patrón de reacción determinado, pues son muchos años de actuar de la misma manera. Por eso no esperes que esto cambie de golpe ni que te conviertas en un mes en una monja budista. Pero sí que irás notando una mayor serenidad ante los problemas, y eso te dará muchísima confianza y tranquilidad. Esto no quiere decir que de vez en cuando no puedas enfadarte, pero será un enfado «constructivo», orientado a solucionar el conflicto.

También irás notando, con el tiempo, que vas desarrollando ciertas virtudes como la tolerancia, la paciencia, la generosidad, el agradecimiento, el perdón, el sentido del humor, la fortaleza interior, la flexibilidad, la capacidad de superación, la curiosidad, la humildad, etc., fruto de tu creciente equilibrio emocional.

Por último, con el hábito de la meditación y la respiración consciente también desarrollarás el sentido de la relatividad, es decir, serás consciente de que en la vida pasan muchas cosas y que lo importante no es tanto lo que pasa, sino cómo lo vives; que lo que cuenta no es el destino al que llegas, sino cómo recorres el camino. Y que todo tiene su parte positiva, como decíamos en el capítulo 1.

PÍLDORA DE MOTIVACIÓN

De vez en cuando visualízate en tu estado ideal, es decir, de la manera que te gustaría verte cuando acabe todo este proceso de transformación personal. Cierra los ojos e imagínate comiendo sano, con el vientre plano, descansada y sonriente, haciendo ejercicio, disfrutando de tiempo para ti, etc. Si te acostumbras a hacerlo con frecuencia, los resultados te sorprenderán.

No pienses en ese momento en lo que tienes que hacer para llegar hasta tu objetivo. Simplemente convoca imágenes mentales de ti misma una vez logrado tu estado deseado, acompañándolo de sonidos o música o conversaciones para darle todo el realismo posible. No es momento ahora de lamentarte por no estar todavía ahí, sino de motivarte para seguir al día siguiente. Y, aunque te suene algo esotérico, de «indicarle» al Universo lo que quieres para que se den las circunstancias que te ayuden a conseguirlo.

Es importante que las imágenes mentales sean bien claras y que repitas el ejercicio a menudo.

¿Por qué voy a seguir adelante?

Porque debajo de los ruidos cotidianos está mi auténtica esencia, mi verdadero yo, y a través de la meditación puedo acceder a todo mi potencial como ser humano.

MES 9

Escucha a tu cuerpo...
¡y hazle caso!

(Marta)

Me siento mucho mejor que hace unos meses. Mi vientre se ve más plano, he tonificado mis brazos gracias a las dos horas de gimnasia que hago a la semana y ya no me siento tan cansada al llegar la noche. He aprendido a organizar mi alimentación y en consecuencia estoy consiguiendo que mi familia también coma mejor. He incorporado los cereales integrales y las legumbres a muchas comidas del mediodía. Mis hijos desayunan mucho mejor y yo me siento despierta y ligera por las tardes, lo cual ha contribuido a que trabaje mejor y no me estrese tanto. El tiempo me da para más.

Cada día dedico diez minutos al silencio: practico meditación como me ha enseñado Pilar. Me ayuda a centrarme, a recordar que si yo estoy bien, todo irá bien. Es como una caricia a mí misma, como si me dijera: «Estoy aquí y puedo confiar».

He empezado a practicar running un par de veces a la semana. Me sirve para desconectar o, mejor dicho, para conectar conmigo misma. Ese ratito que me regalo algunas tardes me recuerda que estoy viva, que mi cuerpo es ágil y fuerte si le ayudo a serlo, y me veo más guapa.

Antes sabía que me iba a venir la regla tres o cuatro días antes de que llegara porque me hinchaba como un globo y me dolía la tripa. Ahora tengo que llevar un control en el calendario porque aparece sin avisar. Únicamente me he dado cuenta de que padezco un leve dolor de cabeza el primer día y el último. Pero la hinchazón y el malhumor han desaparecido. Creo que se lo debo al deporte y a la alimentación saludable.

El cuerpo femenino es un maravilloso reflejo de la naturaleza a pequeña escala. ¿Os habéis parado a pensar en el simbolismo mágico que encierra el hecho de que nuestro ciclo sea el mismo que el de la luna? Es como si estuviéramos conectadas con el universo.

Sin embargo, muchas mujeres sufren trastornos relacionados con el ciclo hormonal a lo largo de su vida. En la adolescencia con dolores terribles y debilidad antes y después de la regla. Cambios de humor que nos vuelven tristes o irritables, y que desaparecen mágicamente cuando termina el período menstrual. Alteraciones bruscas en el peso corporal, pudiendo variar entre uno y dos kilos a lo largo del mes...

Todo ello intentamos combatirlo con fármacos para tapar las consecuencias del hecho de ser mujer. Cuántas veces habré oído a compañeras de mi edad decir: «Qué ganas tengo de que llegue la menopausia y no tener que volver a tener la regla».

¿No será que queremos esconder nuestra condición femenina? Los hombres no atraviesan esos cambios en forma de montaña rusa en su estado físico y anímico a lo largo del mes,

pero ¿no crees que quizás somos afortunadas por poder sentir en nuestro propio organismo el flujo de la naturaleza?

Yo no tengo miedo a la menopausia. Sé que un día u otro deberá llegar ese momento, y ahora me siento fuerte y con valentía para enfrentarme a esa nueva etapa.

La menopausia es una fase que a las mujeres nos afecta tanto física como emocionalmente, aunque no a todas por igual. Todas somos diferentes. Algunas chicas no tienen dolores de regla, otras se pasan el período tomando analgésicos para poder enfrentarse a las actividades cotidianas. Algunas mujeres disfrutamos de embarazos tranquilos, engordando felizmente y terminando con partos buenos que, una vez experimentados, nos hacen pensar que podríamos tener un montón de hijos. Otras viven embarazos terribles, con vómitos durante meses, o dolores de espalda que les impiden llevar una vida normal, o pequeñas pérdidas que las obligan a permanecer en cama hasta el momento del parto. Y hay partos malos, experiencias dolorosas que te quitan las ganas de volver a ser madre.

También hay menopausias buenas y malas. Mi madre, por ejemplo, nunca sintió los típicos sofocos. Tuvo la menopausia muy joven, cerca de los cuarenta años, al igual que mi abuela. Y para ella fue una liberación. Pero otras mujeres pasan meses sintiendo súbitos arrebatos de calor, que en sus primeras etapas les hacen pensar que están enfermas hasta que se acostumbran a ellos. O aumentan exageradamente de peso. O todo lo contrario: se quedan en los huesos, empiezan a perder masa ósea y se les diagnostica osteoporosis.

La otra cara de la moneda de la menopausia es la emocional: algunas mujeres lo viven como una etapa de libertad y sabiduría. Han llegado a la plenitud. Otras se sienten tristes por dejar de ser fértiles y jóvenes. Y los altibajos hormonales pueden llegar a provocar cambios bruscos en el estado de ánimo, incluso de presión.

El océano hormonal en el que nada el organismo femenino es un mundo por descubrir. Creo que es mucho más positivo ver qué podemos aprender de él que intentar acallar sus efectos artificialmente con medicamentos. A ver qué me cuenta Pilar sobre esto.

¿QUÉ ES LO QUE PASA?

Muchas mujeres viven los ciclos hormonales como una enfermedad, cuando se trata de algo completamente natural. Incluso la irregularidad es algo natural. Se nos ha hecho creer que el ciclo normal es de 28 días, pero según los estudios sólo un 12,5 % de mujeres cumplen con esto. La mayoría tienen ciclos que duran entre 24 y 35 días. Lo normal es que la regla aparezca en las niñas entre los 10 y los 15 años y que luego estén durante cinco años con ciclos hormonales largos e irregulares. Hacia el final de la adolescencia o hacia los 20 años, los ciclos se regularizan. Pasados los 40, el ciclo vuelve a alargarse.

Entre dos y ocho años antes de la menopausia, la mayoría de las mujeres empiezan a experimentar faltas de ovulación. Sin embargo, seguimos produciendo hormonas que tienen otros papeles esenciales para la salud diferentes a la procreación.

Te explico todo esto para decirte que la naturaleza es muy sabia y prepara el cuerpo de la mujer para cada etapa de su vida. Hay que aprender a conocerse y vivir las distintas fases en armonía. No es necesario tomar suplementos hormonales, pues el cuerpo de la mujer viene al mundo equipado con todo lo que necesita para cada momento de su vida. Eso sí, para que tu cuerpo produzca siempre los niveles de hormonas adecuados, es básico que te mantengas sana en todos los aspectos: el físico, el emocional y el mental, porque tu bienestar depende no sólo de la salud de tu cuerpo, sino de todo el conjunto.

Cuando nos acercamos a la menopausia, es decir, hacia la mitad de la vida, es un excelente momento para revisar si estamos haciendo todo lo conveniente para nuestra salud y, en consecuencia, para nuestro equilibrio hormonal. Si vivimos estresadas o nuestra dieta no satisface las necesidades del cuerpo, si fumamos o bebemos demasiado alcohol o si estamos emocionalmente desequilibradas, la capacidad de nuestro sistema endocrino, que es el que «fabrica» las hormonas que necesitamos, disminuye. La consecuencia pueden ser unos ciclos menstruales turbulentos: dolores de cabeza, sofocos, hinchazón, falta de libido, dificultades para dormir, etc. O, más adelante, una mala transición hacia la menopausia.

¿Cómo puedes mejorarlo? El nuevo hábito

El nuevo hábito en este caso es prestar atención al cuerpo, aprender a escucharlo y cuidarlo, para que la producción de nuestro sistema hormonal sea la adecuada en cada momento, evitando tomar fármacos que enmascaren los síntomas, tanto de la regla como de la menopausia. Porque nuestros ciclos hormonales dependen en gran medida de nuestros hábitos.

¿Cómo puedes hacerlo? Sigue estos pasos

Hay muchos libros que explican los síntomas de la premenopausia y la menopausia, y cómo muchas culturas lo viven como algo totalmente normal. Vamos a centrarnos en ellos para adquirir el hábito de escuchar al cuerpo, pues Marta está viviendo justo esta etapa de su vida.

El síntoma más común en nuestra cultura son los sofocos. Se da en el 70-85 % de las mujeres premenopáusicas. Pueden ser leves o tan intensos que no te dejen dormir, e incluso te pueden llevar a una depresión por falta de sueño. Empiezan como una repentina sensación de calor general que puede intensificarse en la cara, el cuero cabelludo y la zona del pecho, y pueden ir acompañados por rojez en la piel y sudor, o incluso por la aceleración del ritmo cardíaco, hormigueo en las manos, sensación desagradable debajo de la piel y náuseas. Después de la sensación de calor súbito puedes tener frío o escalofríos.

Suelen comenzar justo antes o durante la regla, entre dos y ocho años antes de la menopausia, que es cuando desaparece la regla.

Hay también factores externos que pueden incidir en la intensidad y frecuencia de los sofocos. Algunos factores que los intensifican son:

- Las situaciones de estrés, la ansiedad y el nerviosismo.
- El consumo de azúcar y los carbohidratos refinados como los que se encuentran en muchos zumos, pasteles, galletas, bebidas, caramelos, pan blanco y salsas preparadas.
- El consumo de alcohol y picantes.
- El consumo de café, aunque sea descafeinado.

Se supone que a estas alturas ya has dejado todas estas cosas, con lo cual, si tienes sofocos, habrás notado que son menos intensos.

En cuanto a las cosas que resultan beneficiosas, los ejercicios de meditación y respiración que acabas de incorporar como nuevo hábito ayudan mucho a vivir con menos estrés y, por tanto, con menos sofocos.

Otros síntomas de la premenopausia o la menopausia son las jaquecas, las migrañas, la hinchazón general o en los pechos, la sequedad vaginal, la sequedad en la piel, el insomnio o la confusión mental, entre otros. Una cosa que proporciona alivio a estos síntomas son los productos derivados de la soja. Te propongo que durante estos 30 días, además de lo que ya estás haciendo, empieces a incorporar alimentos que favorecen la transición a la menopausia:

- Los derivados de la soja
- Las semillas de lino recién molidas
- Los alimentos que contienes bioflavonoides

Con respecto a la soja, ofrece muchos beneficios. La investigación médica está confirmando que su consumo regular disminuye la frecuencia e intensidad de los sofocos y otros síntomas. Además, a muchas mujeres premenopáusicas les mejora la piel, el pelo y las uñas, y les restablece la humedad vaginal al grado normal. También se ha demostrado que va bien en las mujeres que sufren cambios de humor, síntomas premenstruales, jaqueca, reglas irregulares y aumento de peso, y disminuye la pérdida de calcio a través de los riñones. Y, por si fuera poco, contribuye a la pérdida de peso y reduce el riesgo de sufrir cáncer de mama.

¿Cómo podemos tomar la soja? De varias maneras. Por ejemplo, en forma de tofu o tempeh, que están hechos a partir de soja. También en forma de granos de soja (edamame), que se pueden comprar frescos o congelados, o de legumbre. La leche de soja no la recomiendo porque es muy indigesta y produce mucha hinchazón.

Otra excelente opción, especialmente para las mujeres

que por algún motivo no pueden consumir soja, son las semillas de lino molidas y el aceite de lino. Son, además, una excelente fuente de grasas omega-3, esenciales para la salud de todas las células del cuerpo. La insuficiencia de omega-3 puede ser causa de cansancio, piel reseca, uñas quebradizas, cabellos frágiles, estreñimiento, mal funcionamiento del sistema inmune, dolores en las articulaciones, depresión, artritis y desequilibrios hormonales.

También van bien los bioflavonoides, contenidos en muchas hierbas y frutas: las cerezas, los arándanos, la piel de la uva y algunos cereales integrales.

En general, una buena dieta en la línea que hemos ido viendo a lo largo del libro es la mejor forma de aliviar estos síntomas, sobre todo después de eliminar el azúcar, el café, los alimentos muy grasos y el tabaco.

CONSEJOS PARA EVITAR EL SOBREPESO

Alrededor de los 40, muchas mujeres sufren un aumento de peso aunque coman igual que antes. El sedentarismo puede contribuir a ello, pero no siempre es la causa principal, pues algunas mujeres que hacen ejercicio de forma regular notan también cómo su cintura se ensancha a cierta edad. La causa puede ser hormonal y estar relacionada con los cambios previos a la menopausia. De todos modos, una buena alimentación ayuda a minimizar los efectos negativos de este cambio hormonal.

Por tanto, el objetivo es cuidarse y prevenir, escuchando al cuerpo y cuidándolo. Además de introducir los alimentos que hemos visto y de hacer ejercicio regularmente, te aconsejo que tomes una serie de medidas:

1. Evitar, si todavía no lo has hecho, el azúcar y todos los alimentos ricos en carbohidratos simples (pan blanco, patatas fritas, pasteles, helados, bollería, bebidas gaseosas, arroz blanco, etc.). O sea, mantener los niveles de glucosa en sangre en niveles normales.

2. Hacer ejercicio de forma regular. Si ya haces ejercicio y te alimentas bien y, sin embargo, sigues acumulando, puedes cambiar el tipo de ejercicio. El cuerpo se ha adaptado al grado de actividad actual, por lo que hay que desacostumbrarlo. Prueba entonces con otro tipo de ejercicio que haga trabajar otras partes del cuerpo, otros músculos. Debes sacar al cuerpo de su rutina metabólica.

3. Si a pesar de todos los cambios que estamos introduciendo sigues arrastrando cansancio y realizando poca actividad física, visita al médico y hazte una revisión de tu glándula tiroides, pues en las mujeres por encima de los cuarenta años a veces no acaba de funcionar bien.

4. Comprueba de paso tus niveles de ácidos grasos omega-3 y, en caso de que estén bajos, compleméntalos.

5. No te saltes ninguna comida, pues en la siguiente comerás demasiado y el cuerpo tendrá sensación de escasez y acumulará.

6. Centra tu atención en el tamaño de las raciones, no en las calorías. Intenta comer suficiente, pero sin llenarte al máximo. Si juntas tus manos en forma de cuenco, ésa vendría a ser la capacidad normal del estómago, no más. Intenta no comer más de esa cantidad en cada comida. Lo ideal es que te levantes de la mesa con la sensación de que podías haber comido un poco más.

PÍLDORA DE MOTIVACIÓN

Recuérdate cada mes las razones por las cuales sigues adelante. Puedes apuntar algo parecido a lo que te sugiero en los recuadros que te estoy incluyendo como cierre de cada capítulo. Puedes escribirlo en tu libreta o en un posit que luego colocarás en la nevera o en el ordenador. Piensa en estas razones, en por qué quieres esos cambios y en por qué te estás manteniendo a pesar de las dificultades. Sé consciente de tus objetivos.

Y date tiempo. Sé que es mucho más fácil decirlo que hacerlo. El problema de la mayoría de nosotras es que esperamos resultados rápidos. Por eso, recuérdate a menudo tus objetivos a medio y largo plazo. Si quieres perder peso o tener más energía, no esperes resultados inmediatos.

Mientras tanto, disfruta de cada paso. Vive tus nuevos objetivos como un placer. Recuérdate la suerte de poder comer de forma saludable y cocinar para cuidarte. Es un auténtico privilegio.

¿Por qué voy a seguir adelante?

Porque quiero vivir con naturalidad mis ciclos menstruales y el proceso hacia la menopausia y hacer que mi sistema hormonal funcione perfectamente en todas las fases de mi vida.

MES 10

Cuidado con los tóxicos

(Marta)

Tengo pocas ocasiones para reunirme con mis amigas y hablar sobre nuestras vidas (y milagros). Cuando lo hacemos suele ser por la tarde, después del trabajo, o algún sábado en que podemos dejar a los maridos de canguro y nos escapamos a cenar a algún lugar «chic» (esos a los que no nos invitan nuestras parejas porque ellos prefieren comer platos contundentes o ir a la brasería de toda la vida). Son momentos para relajarnos, soltarnos, compartir confidencias y alguna que otra lagrimita, sin que falte una buena dosis de risas y desmelene del sano. Las amigas son para mí un mástil al que aferrarme cuando los tiempos son tormentosos, un espejo que me ayuda a conectar de nuevo con mi realidad, a recordarme que yo soy yo y no sólo mis circunstancias de madre trabajadora que no puede dejar de pensar en los demás. Y creo que yo para ellas lo soy también. ¡No sé qué haría sin ellas! Seguramente tendría que buscar ayuda profesional y tomar alguna pastillita mágica que me ayudara a sobrellevar el día a día. Afortunadamente las tengo a ellas, que son más divertidas y no tienen efectos secundarios.

Nuestros encuentros son la ocasión para compartir una cerveza, una copa de vino o, si decidimos salir por la noche, algún que otro combinado con licores fuertes. Lo malo de esas noches es la resaca del día siguiente: esos momentos en que te juras a ti misma no volver a beber alcohol nunca jamás y en los que te encuentras tan mal que todo lo bueno que obtuviste la noche anterior parece desvanecerse en una nube de migraña.

No es que beba con mucha frecuencia, pero de vez en cuando me apetece y me libera de las tensiones acumuladas. A veces quedo con una amiga en su casa y cuando llego, se alegra tanto de verme que inmediatamente abre una botella de vino para celebrarlo. Y entre copa y copa nos contamos la vida. Otras veces (pocas) me apunto con mis compañeras de trabajo para tomar una caña al salir del despacho, antes de ir a casa. Si tenemos alguna comida de trabajo o un evento nocturno, el inevitable alcohol aparece como por arte de magia, y lo tomamos con tanta normalidad como Sue Ellen sirviéndose un whisky en un capítulo de la serie Dallas. *Y en casa, a menudo también me gusta servirme una copa de vino tinto mientras hago la cena...*

Soy una fumadora discreta, pero no he conseguido dejarlo del todo. Durante mis embarazos no tuve ningún problema para prescindir del cigarrillo, ni siquiera me acordaba de ellos. Pero desde hace un par de años tengo la costumbre de fumar uno o dos por la noche, cuando los niños se van a dormir. Si salgo con mis amigas abuso un poco más del tabaco: es curioso cómo se convierte en una actitud social cuando estás con otros fumadores. Es un pequeño placer al que no me gustaría renunciar, pero lo cierto es que no conozco ninguna alternativa. Tendré que hablar sobre ello con Pilar.

He leído que el alcohol es un depresor. Es decir, que actúa sobre nuestro sistema nervioso, causando a largo plazo tristeza y depresión. Dicen que acentúa el estado de ánimo en el que nos hallamos, es decir, que si estamos tristes, nos pondremos más tristes, y si estamos animadillas, nos desmelenaremos del todo. El problema es que si nuestro estado de ánimo es bajo, podemos agravarlo. Encima, he leído que tiene efectos sobre el organismo: perjudica al hígado y los riñones, engorda, afecta a la piel y hace que envejezcamos antes...

Me gustaría encontrar un sustituto sano para esos momentos. Algo que me produzca bienestar y calma mientras cocino escuchando la radio, una bebida que compartir con las amigas mientras nos reímos del mundo, y una alternativa para esas fiestas en las que no paran de tentarte con copas de colores. Me gustaría tener la fuerza de voluntad para controlar esa presión social que va asociada al alcohol y el tabaco, pero sin parecer un bicho raro ni tener que renunciar a esos momentos de intercambio con otras personas que me gustan tanto y que, para mí, son una verdadera válvula de escape de la rutina.

Otro tema que me preocupa mucho es el abuso que hacen los jóvenes del alcohol. Mi hijo mayor sólo tiene ocho años, pero veo que el tiempo pasa rápido, y probablemente dentro de seis o siete años ya querrá salir solo con sus amigos. ¿Cómo puedo conseguir que sea consciente de los peligros de las bebidas alcohólicas? Para él es normal vernos tomar vino en casa, con la comida, y cuando tenemos alguna reunión fami-

liar servimos también cava y algún licor con el postre. Yo me doy cuenta de que para él es completamente normal que se beba alcohol en la familia, aunque sea en ocasiones especiales, y eso es muy difícil de cambiar. ¿Cómo consigo hacerle entender que puede ser malo si nos ve a nosotros tomarlo con tanta normalidad?

Además, en las películas americanas, en las que ahora nadie fuma, parece completamente normal tener una botella de whisky en el comedor lista para servirse una copa en cualquier momento. Afortunadamente en nuestro entorno esto no es así, ¡pero lo ven en la tele todos los días!

Desde que pongo atención en mejorar mis hábitos, siento que tengo menos necesidad que antes de beber. Hubo una época en que me lo pedía el cuerpo: lo necesitaba para relajarme cuando había tenido un día de mucho estrés. Pero lo cierto es que ahora cada vez bebo menos. También han cambiado mis gustos: ahora prefiero vinos y cervezas más ligeros y sólo en ocasiones especiales. Ya no tengo la necesidad de buscar remedios para relajarme, me siento serena y me produce rechazo la somnolencia que produce el alcohol. ¿Tendrá algo que ver con mi nueva forma de alimentarme? Me gustaría que Pilar me hablara de ello.

¿QUÉ ES LO QUE PASA?

Nuestra sociedad asocia a menudo el consumo de alcohol con la diversión o la celebración. Es cierto que desinhibe, pero tiene tantos efectos perjudiciales para las mujeres que mi consejo es reducirlo todo lo posible.

Cuando estamos tensas a nivel emocional, un poquito de vino puede desbloquearnos e incluso facilitar la digestión. Pero no es recomendable tomarlo a diario, ni por supuesto en grandes cantidades. Más allá del efecto euforizante inicial, el consumo regular de alcohol (y peor aún, de bebidas alcohólicas dulces, como los típicos «chupitos») te desmineraliza y te desvitaliza. Tu pH se acidifica y te sientes más cansada. O sea, aunque por un momento te sientes mejor, poco después te sientes peor. Y, a la larga, ¡envejeces antes!

Además, si lo consumes a menudo en épocas de estrés o alta exigencia emocional, puedes sufrir pérdidas de memoria o confusión. Si en algún momento te pasa esto, no te alarmes. No es que estés empezando a padecer alzhéimer, sino que estás muy estresada. Párate un momento, procura calmarte y deja que el cerebro recobre su funcionamiento normal. Ponerte nerviosa y reprenderte por olvidar algo sólo empeora el problema.

Si esta situación se da con frecuencia y además tomas alcohol habitualmente, es momento de tomarte en serio lo de mejorar tus hábitos.

¿CÓMO PUEDES MEJORARLO? EL NUEVO HÁBITO

El problema del consumo de bebidas alcohólicas es que lo solemos asociar con momentos de diversión o de recompensa emocional (es el caso de Marta y muchas mujeres cuando salen con las amigas y comparten sus problemas y se apoyan mutuamente). Es decir, es un hábito asociado a un beneficio, por tanto cuesta que nuestro organismo se «dé cuenta» de que es perjudicial y lo rechace.

A menudo utilizamos el alcohol para distendernos. Es cierto que tenemos un nivel de autoexigencia importante y que a veces necesitamos relajarnos, pero hay que encontrar formas de relajarnos que no sean tóxicas. Porque el alcohol, en definitiva, es tóxico para nuestro organismo.

Por eso, aunque nos cueste o resultemos raras, tenemos que cambiar el hábito de consumir alcohol en la comida, en las cenas de empresa, en las salidas de amigas, en las celebraciones familiares, etc. Como mucho un poco de vino, pero nada de chupitos ni de combinados de destilados con bebidas azucaradas (¡son una bomba para tu sistema nervioso!). De esta forma, lograremos un estado físico, mental y emocional equilibrado en lugar de sensación de cansancio, embotamiento mental y falta de concentración.

El otro gran tóxico socialmente aceptado es el tabaco. El nuevo hábito va a consistir en empezar a sustituirlo.

¿Cómo puedes hacerlo? Sigue estos pasos

El primer paso para cambiar un hábito perjudicial por otro beneficioso es estar informado y ser consciente de los efectos de lo que haces o dejas de hacer. Así que ten en cuenta que el alcohol:

- Te seca los tejidos.
- Te acidifica, con lo cual tienes más posibilidades de padecer cáncer.
- Altera tu sistema nervioso y acaba degenerándolo, provocando incluso pérdidas de memoria.

Esto se agrava con los destilados, que tienen mucha cantidad de alcohol y son muy dañinos para el hígado, el órgano que filtra la sangre y las emociones, como describe la Medicina Tradicional China. Además, como te comentaba en el capítulo anterior, el alcohol no es nada conveniente para las mujeres que tienen muchos sofocos en la premenopausia, pues «reseca» el hígado y «lo recalienta», provocando un exceso de calor que sube hacia el pecho y la cabeza. Esto hace que los sofocos, la sensación de calor interno y los sudores se acentúen.

El segundo paso es buscar un sustituto, pues no siempre es viable suprimirlo de raíz. Marta bebe para desinhibirse y desestresarse, pero a medida que ha ido cambiando su forma de alimentarse y de cuidarse, cada vez tiene un mayor equilibrio emocional y necesita menos esa sensación de liberarse de las tensiones. Eso es lo que espero que te pase a ti también.

De todos modos, durante estos 30 días vamos a intentar poner en práctica algunos hábitos saludables con respecto al alcohol y el tabaco. Si sales con tu pareja o con tus amigas o vas a un restaurante o a una fiesta, puedes pedir una copa de cava, champán o vino (mejor secos, sin azúcar) o directamente renunciar al alcohol y pedir agua o un zumo de fruta. En cuanto al vino, es mejor el tinto que el blanco, pues tiene más taninos y minerales. Como es lógico, es preferible que sea de buena calidad, y si está elaborado con uvas procedentes de cultivos ecológicos, mejor aún.

Cuando estés en casa, date permiso para tomar vino sólo una vez por semana, y sustitúyelo en el resto de ocasiones por un zumo o un té. Y cuando salgas, entiendo que tengas miedo de quedar como la rara del grupo de amigas o de tu empresa o tu departamento si pides un zumo natural o un té, pero piensa que cada vez hay más personas que se cuidan y que son conscientes de los riesgos de tomar determinados alimentos o sustancias. Y cada vez está mejor visto socialmente cuidarse, incluso se ha puesto de moda tomar bebidas saludables. Digan lo que digan, si te muestras firme en tus convicciones puede que alguien haga algún comentario, pero te dejarán en paz. Lo importante es que tú vivas el hábito de no tomar alcohol como algo positivo, como un placer. Que te sientas bien con un zumo porque sabes que no te estás perjudicando, sino cuidando. Estás cultivando un nuevo hábito saludable.

En resumen, los sustitutos saludables del alcohol pueden ser:

- Agua mineral con un poco de limón
- Agua con gas y un poco de hielo, limón y menta
- Zumos naturales
- Cerveza sin alcohol
- Té e infusiones, incluso condimentados con menta u otras hierbas aromáticas

La preocupación de Marta sobre su hijo y sobre el consumo de alcohol por los jóvenes es más que razonable, y la única manera de que no vean el consumo de alcohol como algo normal es que no lo sea. Es decir, dándoles ejemplo.

En cuanto al tabaco, hace más de medio siglo que sabemos que fumar perjudica gravemente la salud. El tabaco mata a más de 5 millones de personas cada año en el mundo, según la Organización Mundial de la Salud, y es la mayor causa de cáncer de pulmón. Así que es un hábito a reducir hasta eliminar.

Por si lo anterior fuera poco, es un hábito que acelera el envejecimiento del organismo. Por tanto, si lo que intentamos aquí es cuidarnos, ¿qué sentido tiene fumar?

Si eres fumadora habitual, mi consejo para estos 30 días es que te comprometas seriamente contigo misma a dejarlo, busques ayuda (por ejemplo, tratamientos naturales basados en la acupuntura, la fitoterapia, la meditación, la hipnosis, etc.) y te pongas en marcha. Ahora, después de 10 meses viviendo con hábitos más saludables, tendrás la serenidad y el equilibrio que te hacen falta para llevar a cabo con éxito este propósito.

Y si fumas tres o cuatro cigarrillos a la semana simplemente porque los disfrutas y no estás dispuesta a renunciar a ellos, compra al menos tabaco ecológico y emplea un papel y unos filtros sin productos químicos añadidos. Es decir, fuma sólo tabaco, y no las numerosas sustancias químicas que les añaden.

PÍLDORA DE MOTIVACIÓN

Para sentirte motivada y adquirir nuevos hábitos es fundamental que vivas tus nuevos objetivos como un placer. Si sientes que realmente te estás cuidando, que lo que haces te beneficia y te proporciona bienestar, los nuevos hábitos se acabarán instaurando de manera natural.

La clave está en fijarte en lo que ganas, no en lo que pierdes o en aquello a lo que renuncias. Hacer ejercicio o cocinar son actividades que a algunas mujeres les resultan pesadas. Sin embargo, si piensas que es lo mejor que puedes hacer para ti en lugar de pensar que podrías estar haciendo otra cosa, lo verás de otra manera. Se trata de estar presente en el momento y disfrutar de la actividad pensando en los beneficios que te aporta, inmediatos o a medio plazo. Se trata, en definitiva, de vivirlo como un placer e incluso como un privilegio (el de estar pendiente de ti y dedicarte tiempo), y no como un sacrificio o una renuncia.

Sé que es más fácil decirlo que hacerlo, que todas queremos resultados rápidos, y que si no los conseguimos, a menudo nos desanimamos. Pero debes tener paciencia y darte tiempo, porque te aseguro que el método que te propongo funciona. De hecho, a estas alturas, si has seguido los nueve capítulos anteriores, estoy convencida de que ya has empezado a notar cambios positivos en tu energía. Muchas mujeres comienzan a sentirse mejor en pocas semanas, cuando dejan el azúcar y el café y empiezan con los cereales integrales.

¿Por qué voy a seguir adelante?

Porque he descubierto que el alcohol y el tabaco realmente me perjudican: envejecen y aumentan el riesgo de padecer numerosas enfermedades. ¡Y quiero ir cumpliendo años en plena forma!

MES 11
Descansa bien
y regenérate

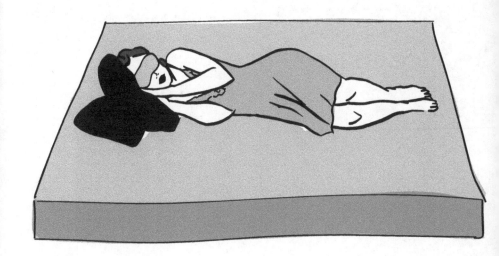

(Marta)

Una de las preguntas que me hizo el médico cuando fui bus-
cando una solución a mi agotamiento hace unos meses fue:
«¿Duermes bien?».

La verdad es que duermo estupendamente. Creo que es lo
que mejor se me da... Cuando caigo en la cama, cierro los ojos
y entro en un sueño profundo que no varía hasta que suena
el despertador. Nunca he tenido problemas de insomnio,
todo lo contrario. Soy capaz de dormirme apoyada en el palo
de la fregona. Mi problema es que, cuando toca levantarse,
seguiría durmiendo horas y horas.

«Entonces es que no duermes bien», me dijo.

Aquello me sorprendió. Pero el médico tenía razón: si me
levanto cansada, es que no descanso. Es decir, no duermo
bien, mi sueño no es profundo y reparador.

Desde que sigo los consejos de Pilar ya no me siento ago-
tada cuando me levanto por la mañana. Antes necesitaba
meterme inmediatamente debajo de la ducha y tomarme un
café para despertarme y ponerme en marcha con los desayu-
nos y todo lo demás. Los fines de semana podía dormir hasta

las diez o las once de la mañana, y por la tarde aprovechaba
media horita para dormir una siesta. Cuando mis hijos eran
pequeños tenían el sueño muy ligero. Se despertaban como
mínimo dos veces cada noche, y esto afectaba a mi descanso
y el de mi marido. Muchas veces acabábamos durmiendo to-
dos juntos en la cama de matrimonio, y otras nos despertá-
bamos por la mañana como si hubiésemos pasado la noche
jugando al juego de las sillas: cada uno en una cama distinta
de la suya. Esto repercutía en la jornada, y había días en que
los ojos se me cerraban delante del ordenador. Por suerte, eso
ha mejorado.

Ahora raras veces se despiertan por la noche, pero a la
pequeña le cuesta dormirse y tengo que estar junto a ella
hasta que concilia el sueño, porque le da miedo la soledad.
Hay días que se duerme pronto, pero otros tarda más de me-
dia hora, durante la cual a mí se me empiezan también a ce-
rrar los ojos.

Los niños deberían irse a dormir temprano por muchas
razones. El otro día una amiga me pasó una lista que encon-
tró en el blog de un coach llamado Gregory Cajina, al parecer
autor de un libro que se titula Rompe con tu zona de con-
fort. *Este experto da doce razones por las que los niños debe-*
rían irse a dormir a las ocho:

1. *Porque los niños necesitan muchas horas de sueño*
   para crecer.
2. *Porque de noche el cerebro consolida los conocimien-*
   tos aprendidos durante el día.

3. *Porque es un hábito y se puede adquirir.*

4. *Porque si el niño amanece con sueño es porque no ha dormido suficiente.*

5. *Porque si el niño duerme suficiente, puede despertarse pronto, con calma, y tener tiempo para vestirse y arreglarse solo.*

6. *Porque, además, si se despierta pronto (y descansado), puede desayunar bien.*

7. *Porque así se puede desayunar en familia.*

8. *Porque si vuestro trabajo no os deja estar con vuestros hijos por la noche, quizás sea momento de comenzar a priorizar.*

9. *Porque así puedes inculcar a tus hijos que lean en la cama unos minutos.*

10. *Porque si los padres no tienen tiempo para ellos, la relación comenzará a deteriorarse.*

11. *Porque así los padres pueden hacer el amor.*

12. *Porque es esencial que los hijos entiendan que no tienen derecho alguno a interferir en vuestra relación.*

Sublime argumentación, ¿verdad? Pero ¿qué ocurre si tu jefa te dice que hay que reunirse a las seis porque así «estamos más tranquilas», y sales a las siete de la oficina, llegas a casa a las siete y media y aún tienes que preparar la cena y bañar a los niños? No hay tiempo material.

Yo procuro que mis hijos estén en la cama a las nueve, pero no siempre es posible. Con la pequeña, la mayoría de las noches nos dan las diez. Hay veces que viene a visitarnos el abuelo, que se queda hasta tarde, y los niños quieren disfrutar de su compañía. Y otras simplemente no me da tiempo de tener la cena lista hasta las ocho y media, con lo que todo se posterga...

Cuando por fin consigo que la casa esté en calma y los niños duerman, aprovecho para sentarme un ratito delante del ordenador para contestar e-mails y terminar tareas que no he podido hacer en la oficina. Algunas noches trabajo hasta las dos de la madrugada. Otros días, mi marido y yo aprovechamos para ver una película en la televisión, que suele terminar muy tarde, pero si no lo hacemos así no podemos disfrutar de un rato de cine a la semana. También puedo aprovechar para leer en la cama, algo que me encanta. Soy muy aficionada a las novelas de misterio, y a veces me quedo enganchada hasta altas horas de la madrugada.

Me gusta disfrutar del tiempo que tengo para mí, y por eso aprovecho las horas de la noche al máximo. Para mí, irme a dormir temprano significa meterme en la cama a las doce. El despertador suena a las siete, con lo que en el mejor de los casos, entre semana, duermo siete horas. Pero si alguna vez me voy a dormir nerviosa y me cuesta conciliar el sueño, no supero las cinco o seis horas.

Juan, mi marido, la mayoría de las noches se acuesta aún más tarde. Yo le digo que debe de tener algún gen de murciélago, porque parece que necesita dormir muy pocas horas. Normalmente soy yo la que se mete antes en la cama. Cuando es así, como duermo como un tronco, ni siquiera le oigo llegar. Pero los días que nos vamos a dormir al mismo tiempo o que yo me acuesto más tarde, sus ronquidos no me dejan conciliar el sueño. Si me duermo antes no los oigo, pero si estoy despierta tengo que darle pataditas y pedirle que se dé la vuelta para poder descansar.

Aunque es un hombre corpulento, por suerte no me quita espacio para dormir. Cada uno se queda en su lado y no molesta al otro. Pero sé que esto no ocurre siempre. Mi hermana vive con un chico delgado, fibroso y atlético que practica mucho deporte. Es muy nervioso y por la noche no para de dar vueltas en la cama, de manera que ella tiene que ir adaptando su postura para poder dormir en el espacio cambiante que él le va dejando a medida que pasan las horas. Por la mañana pueden despertarse mirando uno al sur y el otro al este, o con las piernas de uno descansando sobre los brazos del otro.

Mi madre, en cambio, siempre se queja de que se despierta a media noche, hacia las tres de la madrugada, y después le cuesta mucho conciliar el sueño de nuevo. Entonces se prepara una tila o, en días complicados, se toma un somnífero, de manera que al día siguiente tiene la cabeza tan pesada que no puede ni conducir. Sé que a algunos compañeros de trabajo les pasa lo mismo, pero pocas personas se atreven a confesar que toman hipnóticos para dormir porque no está bien visto. La mayoría te cuenta que compran cápsulas de valeriana u otros productos naturales en la farmacia para esas noches en las que el sueño se interrumpe en plena madrugada.

En conclusión, mi sueño es profundo, me encanta dormir, no tengo necesidad de tomar nada, pero aun así creo que podría mejorar la calidad de mi descanso. ¿Existen hábitos saludables a la hora de dormir? Tengo que preguntarle a Pilar sobre este tema, porque me da la sensación de que es mucho más importante de lo que parece a simple vista.

¿QUÉ ES LO QUE PASA?

El sueño restaura las energías física y mental, pero sólo si dormimos lo suficiente y el sueño es de calidad. En caso contrario, arrastramos durante el día sensación de somnolencia, cansancio e irritabilidad, y tenemos menos capacidad de concentración, eficiencia y motivación vital.

Nuestros ritmos biológicos innatos están sobrecargados por las exigencias que nos impone la vida moderna. Quiero decir que forzamos el cuerpo acostumbrándolo a la luz artificial y a irnos a dormir a altas horas de la noche, pero el cuerpo está preparado para seguir los ritmos de la naturaleza. En nuestra sociedad se aplaude al que trabaja dieciséis horas al día y es capaz de rendir durmiendo poco. Pero el sueño es más reparador cuando seguimos los ritmos biológicos. Esto significa levantarse con el sol y acostarse temprano.

No debemos dejarnos arrastrar por esta tendencia y tenemos que ser comprensivas con nuestras necesidades. Y la necesidad de dormir bien y suficiente es muy importante. Tenemos que dormir lo suficiente para que nuestro organismo se regenere y para afrontar el nuevo día con energía, claridad mental y motivación. Dormir, en definitiva, es una función indispensable, tanto como respirar y comer.

Marta cree que duerme bien porque llega a la cama tan cansada que cae rendida, pero lo cierto es que duerme poco porque se va a dormir tarde, los niños la despiertan, etc. Además, muchos días cena tarde y se va a la cama con la barriga llena. Todo eso contribuye a que su cuerpo no descanse.

¿CÓMO PUEDES MEJORARLO? EL NUEVO HÁBITO

El nuevo hábito para estos 30 días va a consistir en revisar el tema del descanso: el lugar donde duermes, las condiciones ambientales, la digestión antes de ir a la cama, etc. Veamos cómo hacerlo.

¿CÓMO PUEDES HACERLO? SIGUE ESTOS PASOS

En resumen, el nuevo hábito va a consistir en:

1. Revisar las condiciones para el descanso (colchón, almohada, mantas, temperatura, etc.).
2. Cenar pronto (al menos un par de horas antes de acostarte).
3. Cenar alimentos calientes y que faciliten la digestión.
4. Hidratarte bien antes de meterte en la cama.

5. Dejar de usar pantallas al menos una hora antes de ir a dormir.

6. Desconectar todos los aparatos electrónicos y no utilizarlos en el dormitorio.

7. Bajar el ritmo poco a poco antes de acostarte, no irse a dormir en plena hiperactividad. Dedicar unos minutos al cuidado del cuerpo y a desconectar de la mente.

8. Seguir alguna rutina antes de cerrar los ojos, como realizar algunas respiraciones conscientes.

Antes de seguir adelante quiero decirte que éste es un listado extenso que no debe agobiarte, no pasa nada si no lo haces todo.

Para empezar, comprueba que el colchón y la almohada son adecuados para tu descanso y asegúrate de no pasar frío (ten una manta a los pies de la cama). Comprueba que las condiciones «ambientales» son adecuadas.

A continuación, revisa los horarios de las cenas. El objetivo es cenar pronto (al menos dos horas antes de acostarte) y lo más ligero posible. Lo primero no siempre se puede conseguir, pero lo segundo (cenar poca cantidad y que sean platos de fácil digestión) te resultará bastante fácil si durante el día has comido de forma energéticamente equilibrada, es decir, respetando las proporciones necesarias de los diferentes tipos de alimentos.

Sería absurdo que te dijera que tienes que incorporar el hábito de cenar cada día a las ocho de la noche, porque, aunque sería lo óptimo, sospecho que sería poco realista. Además, no siempre dependerá de ti, y sólo nos podemos comprometer a hacer aquello que depende de nosotras. A veces llegarás tarde de trabajar o tendrás que esperar a tu pareja o tus hijos, que acaban a las nueve una actividad extraescolar, o blablablá. Qué te voy a contar, ¿verdad? En cualquier caso, la tendencia debe ser ésa: cenar lo más temprano posible y en cantidades moderadas. O sea, haciendo honor a aquello que decíamos antes: desayunar como un rey, comer como un príncipe y cenar como un mendigo.

Ya que el horario es difícil de controlar (por tanto es difícil cenar siempre temprano y a la misma hora), vamos a tratar al menos de elegir qué cenamos. Es importante cenar alimentos cocinados y calientes, pues eso facilita la digestión. Por ejemplo, una sopa, una crema de verduras o un estofado. Pero no una ensalada, a menos que sea verano y nos vayamos a dormir un poco más tarde. También hay que evitar en la cena otros alimentos fríos, como los yogures o la fruta, los alimentos picantes y el alcohol.

Por la noche hay que evitar una serie de alimentos que dejaremos para el mediodía: el arroz, la pasta y la carne. Ya sé que con esto te quito algunos de tus recursos habituales. ¿Qué hay más socorrido que un plato de arroz con tomate frito y unos libritos de lomo? Seguro que los niños se lo comen de maravilla, pero luego a ti te va a costar dormirte.

Las cremas de verduras y las sopas, que puedes elaborar de muy diferentes maneras, y que incluso puedes tener preparadas para varios días, pueden ir acompañadas de segundo por unas hamburguesas vegetales o por un pescado a la plancha con algún cereal como el mijo o la quinoa.

Podemos acabar con una infusión que no contenga teína, como un rooibos, una manzanilla o, incluso mejor, una tila. Ya te he comentado antes lo importante que es para nosotras hidratarnos. Si notas la boca seca antes de acostarte, te conviene tomar alguna bebida, a ser posible caliente, pues eso te dará calor interno para hacer mejor la digestión. Por tanto, después de la cena es buen momento para prepararte una infusión endulzada con melazas, estevia o regaliz y relajarte un momento.

De cara a dormir mejor también es importante seguir una serie de rituales de antes de acostarse. Por ejemplo, evita contestar correos a última hora, justo antes de meterte en la cama. Es un mal hábito: nada de pantallas luminiscentes, porque desvelan. ¡Y mucho menos en la cama! Los aparatos electrónicos deben desterrarse del dormitorio, incluso el televisor. Como mucho se pueden dejar los teléfonos móviles si se utilizan como despertadores, pero en modo avión y no enchufados a la corriente.

De hecho, es recomendable dejar de utilizar tecnología al menos un par de horas antes de irse a dormir, ya que puede afectar a nuestra capacidad de conciliar el sueño.

Antes de meterse en la cama hay que descomprimir, hacer unas respiraciones, vaciar la mente, estar unos momentos en silencio. No podemos bajar de revoluciones de golpe. Nos hemos pasado el día dándole vueltas a mil cosas, pensando en esto y en lo otro, planificando, ejecutando, solucionando. Ahora tenemos que «estar en el cuerpo» y poner la cabeza en modo *off*. Lo ideal es que dediques unos minutos a desvestirte con calma, a ducharte, a hidratarte el cuerpo, a lavarte los dientes, a respirar profunda y lentamente, a vaciar la mente. Busca la rutina que te vaya mejor, pero teniendo presente que la idea es descomprimir. Por supuesto, el sexo va perfecto antes de dormir, pues te deja relajada. También los estiramientos, pero sencillos, sin pasarse. Lo que no es aconsejable es tener una clase de zumba, por ejemplo, de diez a once e irse a dormir después.

Tras esta rutina de «volver al cuerpo» no toques el móvil ni la tablet ni el portátil hasta el día siguiente, porque de lo contrario volverás a activar la mente. Como mucho anota algo que sea importante para ti en tu libreta, pero si puedes evitarlo, mejor. Hay estudios que demuestran que la actividad electromagnética puede alterar nuestro descanso durante la noche, por lo que es recomendable desconectar todos los aparatos, incluido el *router* wifi, y cerrar las persianas y/o las cortinas para que no entre luz (si no tienes persianas o cortinas, utiliza un antifaz). Y si hay ruido de los vecinos o de la calle, o bien tu pareja ronca, utiliza unos tapones. A esto puedes añadir, si lo deseas, algún olor que induzca al sueño, como el de la lavanda, que puedes tener en la mesita en forma de aceite esencial. Pon unas gotas en la almohada.

Con todo esto, descansarás mucho mejor.

PÍLDORA DE MOTIVACIÓN

Un buen hábito antes de dormir, si te quedan fuerzas, es escribir alguna cosa en tu libreta a modo de diario. No sólo sobre lo que has hecho, sino también sobre tus sentimientos o tus motivaciones. Es una forma de ir siguiendo tu evolución durante el proceso de cambio y, al mismo tiempo, de «descargar» en la libreta los pensamientos y no llevártelos a la cama.

Es posible que escribir en el diario se convierta para ti en un momento de relax y de placer. Si no es así, no te fuerces. No estamos hablando de disciplina militar, sino de estar mejor, de dejar de estar agotadas y de tener más control sobre nuestras vidas. A veces cuesta ponerse a escribir, pero luego te sientes bien, es un ejercicio placentero.

¿Por qué voy a seguir adelante?

Porque si incorporo hábitos para dormir mejor voy a tener todavía más energía. ¡No habrá quien me pare!

MES 12

¿Sexo? ¡ahora sí!

(Marta)

Por mucho que me cueste, tengo que reconocer que hace unos meses fingía mis orgasmos. Creo que lo hacía bien, porque juraría que Juan no se daba cuenta. Un día en que hacía más de una semana que no nos veíamos, volví de viaje y él me recibió muy cariñoso. Yo me sentía agotada, pero no me atrevía a decirle que no por miedo a que pensara que no le quería tanto como él a mí. Así que accedí.

Mi marido es un hombre muy caballeroso y no se rinde hasta que llego al orgasmo. A veces le digo: «No te preocupes, Juan, no me esperes». Pero para él sería un deshonor hacerme algo así. Sin embargo, aquel día yo ya no podía más, por eso fingí. Necesitaba terminar y dormir.

Me siento un poco culpable por haber fingido. No tanto por él como por mí. Creo que en el fondo era una falta de respeto hacia mí misma: yo no estaba bien, tenía que empezar a cuidarme. Y el hecho de empezar a cuidar mis hábitos ha cambiado las cosas por completo.

Cuando Juan y yo nos conocimos las cosas eran muy diferentes. Nuestros encuentros eran apasionados, de película.

Recuerdo haber pasado fines de semana enteros con él en la cama, lejos del resto del mundo, sólo nosotros dos, acariciándonos y jurándonos amor eterno. Era el principio de nuestra historia de amor, que yo creo que no ha terminado, aunque ahora es diferente.

Hace unos meses nuestros trabajos eran el centro de nuestras vidas y reclamaban nuestra atención casi por completo; el poco tiempo que nos quedaba libre lo dedicábamos a los niños, no sin sentirnos culpables (los dos) por no poder estar más con ellos. Cuando coincidíamos en la cama era como si dijésemos: «¡Anda, si estás aquí!». Todo iba tan deprisa y era tan caótico que casi no teníamos ni un minuto para sentarnos a conversar sobre nosotros.

Algún fin de semana que los niños se iban con su tía o con su abuelo y no teníamos el corsé de los horarios y las obligaciones, las cosas tomaban otro color. Preparábamos una comida para los dos solos y nos tomábamos tiempo para hablar y mirarnos a los ojos. Y a veces reaparecía esa pasión que nos desbordaba hace unos años. Lo malo es que eso pasaba con muy poca frecuencia.

Ahora las cosas han cambiado. Mi humor y mi energía han vuelto y suelo estar dispuesta a disfrutar de momentos especiales. Volvemos a escaparnos de vez en cuando para estar solos. Me gusto cuando me miro al espejo y me arreglo para seducirle. Estoy cómoda conmigo misma, y eso hace que mi libido haya subido cien escalones en estos meses. Juan me sigue gustando, por dentro y por fuera, estoy a gusto con él, me parece muy atractivo y cuando salimos y se arregla sigo mirándolo embobada, como cuando éramos unos jovencitos.

Los cambios en mis hábitos han cambiado cosas de mi vida que ni siquiera podía imaginar. Ahora como mejor, hago ejercicio y tengo menos pensamientos negativos. El resultado es un cuerpo más ágil y más fuerte, más energía, más claridad mental y más ganas de divertirme y pasarlo bien. Me siento alegre, y creo que es contagioso, porque me da la sensación de que mi familia también es más feliz. Tengo tiempo para lo importante, y si no llego a todo no me agobio: no soy perfecta.

El camino no ha sido fácil: he tenido que cambiar muchas cosas, y sobre todo al principio requirió un gran esfuerzo. Pero cada pequeño paso me traía una recompensa en forma de energía, alegría o capacidad de concentración. Y ése es el mejor premio que podía recibir: ha aumentado mi felicidad.

Los pequeños cambios que he ido haciendo durante estos meses me han cambiado la vida por completo. Lo más sorprendente es que:

- *No he tenido que tomar medicamentos.*
- *No he tenido que gastar dinero.*
- *Son cosas que puede hacer todo el mundo.*
- *No me ha quitado tiempo sino todo lo contrario: a medida que seguía los consejos de Pilar, cada vez me he sentido con más control sobre mi vida y más disponibilidad de tiempo para mí.*

Conozco a tantas mujeres que padecen los problemas que tenía yo al principio de esta aventura que me gustaría poder hacerles llegar estos consejos a todas. Me siento muy agradecida, y les voy a dar los datos del curso online de www. sienteteradiante.com a todas mis amigas y conocidas, empezando por mi familia y acabando por las compañeras de trabajo. Es una información tan valiosa que creo que todas y cada una de las mujeres que conozco tienen que tener la oportunidad de acceder a ella. Ahora que yo estoy bien, me gustaría que todas las mujeres que sufren las consecuencias del ritmo de vida actual pudieran mejorar también su vida. Y tengo una idea que no para de rondarme por la cabeza: quizás podamos empezar a cambiar el mundo si cambiamos nosotras, reflejando bienestar y alegría en todos los que nos rodean.

¿QUÉ ES LO QUE PASA?

Según un estudio realizado por la farmacéutica Pfizer, que fabrica el famoso Viagra, una de cada tres mujeres reconoce que en ocasiones es necesario fingir en la cama, sobre todo a medida que aumenta la edad. Según otro estudio, de la Universidad de Kansas, la principal razón por la que las mujeres fingen el orgasmo es por altruismo: «Acrecentar el placer ajeno sin esperar nada a cambio es el principal motivo que lleva a la mujer a sobreactuar en la cama». ¡Nos preocupa más el placer de nuestra pareja que el nuestro!

Absolutamente todos los estudios que he consultado

concluyen que la falta de deseo sexual es mucho más frecuente en las mujeres que en los hombres. Ellos parecen estar siempre preparados. Nosotras, en cambio, necesitamos que confluyan factores emocionales, ambientales y, por supuesto, las ganas de hacer el amor.

El cuerpo utiliza la energía que tiene siguiendo una serie de prioridades. Las primeras son aquellas imprescindibles para la supervivencia, como el metabolismo, la digestión o el pensamiento. Las siguientes, las que tienen que ver con la supervivencia de tus hijos. Y para cuando llegamos a la libido, ya no queda energía. A menos, claro, que tengamos mucha.

El envejecimiento también contribuye a disminuir el deseo sexual. Por un lado, nos vemos menos atractivas, y por otro, nuestro cuerpo ya no responde de la misma manera a los estímulos, pues fisiológicamente ha cambiado. Una vez que nos hemos reproducido, la naturaleza deja de prestar tanta atención a nuestros órganos sexuales.

¿CÓMO PUEDES MEJORARLO? EL NUEVO HÁBITO

Si has llegado hasta aquí siguiendo los diferentes pasos que te he propuesto, sin duda te estarás alimentando mejor y tendrás más energía que antes. Además, tu vida estará mejor organizada y serás consciente de la importancia de cuidarte, por ti y por tus seres queridos. Es probable que automáticamente tengas más ganas de tener sexo, que estés más dispuesta y sientas más deseo, pero también puede ser que hayas llegado a un punto tal de falta de cuidados que necesites alguna «ayuda extra». No me estoy refiriendo a sustancias estimulantes o afrodisíacas, sino a la recuperación de tus órganos sexuales.

Tal vez hayas oído hablar del suelo pélvico. Es la base sobre la que se sostienen los diferentes órganos abdominales, como la vejiga, el útero y el recto. Pues bien, resulta que la musculatura de esa zona se debilita a causa de los embarazos, los partos, el cansancio y la práctica de ciertos deportes, y eso ocasiona disfunciones sexuales y falta de libido.

El suelo pélvico pierde tono muscular, se afloja, y los órganos intraabdominales caen. La buena noticia es que podemos trabajar los músculos de esa zona. Si mantenemos esa zona tonificada, evitaremos que los órganos caigan y tendremos más energía y deseo sexual. Así que el nuevo hábito que vamos a incorporar durante los próximos 30 días es tonificar el suelo pélvico. ¿Cómo? Lo vemos a continuación.

¿CÓMO PUEDES HACERLO? SIGUE ESTOS PASOS

Si contraes un momento la vagina, notarás los músculos que vamos a trabajar para potenciar el deseo sexual. Se trata de los que rodean la uretra, la vagina y el ano. Puede que al principio te cueste sentirlos o distinguirlos, pero con la práctica no sólo lo conseguirás, sino que aprenderás a activarlos a voluntad.

Los ejercicios para trabajar el suelo pélvico también se conocen como «ejercicios de Kegel», pues fue el doctor Arnold Kegel quien los desarrolló en la década de 1940 como método para controlar la incontinencia urinaria. Estos ejercicios no sólo fortalecen el suelo pélvico, sino que también aumentan el riego sanguíneo en la zona de la vagina, la vejiga y la uretra. Por tanto, además del control de la vejiga, mejorará tu vida sexual.

El ejercicio más sencillo consiste en intentar cortar el flujo de la orina a intervalos cuando vas al baño. Haz justamente eso durante la primera semana: contraer la musculatura, como si tiraras de ella hacia arriba, intentando cortar el flujo durante unos instantes (cuenta hasta cinco) para distenderla a continuación. Repite el ejercicio tres o cuatro veces cada vez que orines. Es una forma de empezar a familiarizarte con los diferentes músculos. Al principio podrías notar un poco de dolor en la zona de los ovarios, pero no te alarmes ni te desanimes. De hecho, es un síntoma de que estás empezando a activar esa zona y ponerla en forma.

Durante la segunda semana, busca diferentes momentos al día para hacer contracciones vaginales. Cuéntalas. Haz 50 el primer día, 100 el segundo y así hasta 350 el último.

A partir de la tercera semana ya puedes empezar con un huevo de piedra, de Jade o de cuarzo, que es una de las mejores formas de fortalecer el suelo pélvico. Cuentan que el uso de estas piedras en forma de huevo proviene de la

China imperial, donde se enseñaba a la reina y las concubinas a emplearlo para fortalecer su musculatura pélvica y aumentar su sensibilidad vaginal. Con la práctica de introducírselo en la vagina y ejercitar la musculatura de la misma podían aumentar su energía sexual en pocas semanas.

Los huevos vaginales se venden en tiendas especializadas y los hay de diferentes tamaños y minerales. Las mujeres que han tenido hijos suelen empezar con uno más bien grandecito, ya que la vagina está más floja, y si no logras «atraparlo» el ejercicio no sirve de mucho. A medida que vas fortaleciendo la musculatura, puedes usar uno más pequeño. Te recomiendo comprar los que están agujereados para poder introducir un hilo y extraerlo más fácilmente.

Para trabajar con el huevo, que por supuesto debe estar limpio y desinfectado, primero hay que introducirlo por la parte ancha en la vagina y contraer los músculos de la zona exterior. Luego apretaremos y moveremos el huevo contrayendo los músculos interiores, medios y superiores de la vagina.

No te alarmes si al principio apenas notas que tienes el huevo dentro. Y tampoco te estreses si no distingues entre unos músculos y otros. De lo que se trata, en definitiva, es de contraer y relajar la musculatura para sentir el huevo y desplazarlo arriba y abajo. Las primeras veces es mejor hacerlo echadas para que el huevo no caiga, pero con la práctica podrás hacerlo sentada e incluso de pie, mientras trabajas o caminas.

Como todos los hábitos, debes ser constante para incorporar éste, y luego debes mantenerlo. Piensa que la musculatura que no se trabaja se atrofia, así que debes practicar las contracciones con regularidad.

Los ejercicios de suelo pélvico te ayudarán también a solucionar los problemas de pérdidas de orina o infecciones recurrentes de las vías urinarias. Y, además, notarás que te sientes más vital, más femenina y más «poderosa». No es casual, pues estás tomando las riendas de tu vida.

CONSEJOS PARA UNA VIDA SEXUAL SATISFACTORIA

No siempre cambiar de pareja es la mejor manera de mejorar tu vida sexual. Como le sucede a Marta, muchas mujeres siguen encontrando atractiva a su pareja, y si consiguen resolver sus problemas con ella pueden disfrutar del sexo tanto como si tuvieran una nueva pareja sexual. Valora si éste puede ser tu caso antes de dar un paso en falso. Cuando una mujer toma la decisión de tener más diversión o placer con el hombre o la mujer que ama, experimenta un estímulo en su energía vital que se traduce en un estímulo en su energía sexual. Si nos quedamos en los resentimientos, se apaga la libido.

Aquí tienes algunos consejos sencillos para mejorar tu libido:

1. Mejora la comunicación con tu pareja, explicándole cómo te sientes en cada momento vital y buscando momentos para propiciar la intimidad.
2. Infórmate y trata de conocer más sobre la sexualidad femenina. Hay todo un camino abierto a la creatividad y la variedad.
3. No olvides la importancia de seducir y ser seducida, y por tanto de tu imagen y tu aspecto físico.
4. Potencia todos los aspectos que tengan que ver con la sensualidad, con los sentidos del tacto, el gusto, la vista, el oído y el olfato.
5. Ten en cuenta que la sexualidad no es sólo corporal: hay todo un camino por explorar que va mucho más allá de los genitales y que toca el corazón y el alma.

Por otra parte, las mujeres también podemos pasar por épocas de cambio importantes en que focalizamos nuestra energía en aspectos que no tienen que ver con la sexualidad, pero eso no quiere decir que no podamos volver a concentrar una buena parte de nuestra energía más adelante en este ámbito de la vida. Especialmente cuando aprendemos a cuidarnos mejor y recuperamos la conexión con la vida, con nuestra energía y con todo nuestro potencial.

Pon al día tus ideas sobre lo deseable que puedes ser sexualmente, incluso aunque no tengas relación de pareja, porque una mujer que conecta con su energía vital tiene poder para transformar su cuerpo, su mente y su experiencia.

PÍLDORA DE MOTIVACIÓN

Hemos hablado antes de la utilidad de los grupos de apoyo. En el tema de la sexualidad las mujeres cada vez nos apoyamos más mutuamente, y eso es muy importante. Te será muy útil, además de tener un grupo de amigas o de conocidas con las que compartir tus inquietudes, apuntarte a algún curso en el que te puedan orientar, ya sea con temas de nutrición, de cocina o de energía sexual: desde cursos de cocina energética a talleres de sexualidad femenina. Estar en contacto con personas que ya han vivido un proceso parecido al tuyo y a las que puedes plantear tus dudas y preguntas es una de las mayores motivaciones posibles.

¿Por qué voy a seguir adelante?

Porque he comprobado que puedo cambiar mis hábitos y que eso mejora mi bienestar físico y emocional, incluso mi sexualidad.

Ahora quiero mantener mis nuevos logros y seguir mejorando.

SIGUIENTES MESES

Refuerza tus nuevos hábitos

Como reza la famosa frase final de *Con faldas y a lo loco*, «nadie es perfecto». Ni siquiera nosotras. Ni tú ni yo ni ninguna mujer (ni ningún hombre, por supuesto). Así que es posible que hayas empezado con el método de 12 meses y en algún momento hayas descarrilado. Es muy natural y no pasa nada. Eso sí, si quieres resultados tienes que seguir trabajando para conseguirlos. Nada es gratis en la vida, como bien sabes, y todo éxito ha requerido de un esfuerzo previo.

Pueden darse diferentes circunstancias:

- Que hayas empezado y después de unos meses, a pesar de observar algunas mejoras, te hayas visto sobrepasada por circunstancias externas (la enfermedad de algún familiar, un cambio de trabajo, un cambio de residencia, etc.). O que sencillamente no te hayas sentido capaz de continuar por lo que sea. En ese caso puedes retomarlo allí donde lo dejaste, o incluso volver al principio si crees que la primera vez no lo hiciste bien. El baremo para valorar si lo haces bien o no es en última instancia tu bienestar: si tú estás mejor, es que lo estás haciendo bien (aunque, eso sí, tal vez podrías hacerlo mejor y estar mejor).

- Que hayas llegado al final pero que en lugar de 12 meses hayas tardado 18 porque en algunos no pudiste cumplir con el plan y no llegaste a instaurar el nuevo hábito. No pasa nada, te felicito, pues has tenido una gran fuerza de voluntad. Ahora se trata de mantener los logros alcanzados e insistir en los hábitos que más te cueste mantener.

- Que hayas llegado al final en el tiempo previsto pero que no hayas interiorizado alguno de los nuevos hábitos. En ese caso te recomiendo que repitas los meses correspondientes a esos hábitos que no lograste incorporar. De lo que se trata, al final, es de cambiar hábitos, no de hacerlo en un tiempo determinado.

- Que hayas llegado al final en los 12 meses previstos y que además todo haya ido perfecto. Este caso es el menos probable, pues, como te decía arriba, «nadie es perfecto». Pero si es así, ¡te felicito efusivamente! Seguro que eres una mujer nueva y radiante.

En cualquiera de los casos, de lo que se trata ahora es de mantenerse, así que no bajes la guardia. Sigue anotando

tus objetivos mensuales y anuales en tu libreta, sigue trasla-
dándolos a tu agenda o a tus listas temáticas y sigue, en
definitiva, practicando los hábitos adquiridos para no volver a los antiguos (que muchas veces siguen ahí escon-
didos, como acechando). Y, sobre todo, sigue cuidándote.
Si no lo haces tú, nadie lo hará por ti.

Los 12 nuevos hábitos,
en resumen

Si eres de las que empieza los libros por el final, o de las que van al grano para saber si algo les interesa o no, aquí tienes un resumen del contenido de cada capítulo.

1. Comprométete a cuidarte

Lo primero que te voy a proponer es que firmes un contrato contigo misma para empezar a cuidarte. Y que, de una vez por todas, dejes de sentirte culpable por dedicarte tiempo y atención. Porque si tú no te cuidas, nadie lo hará por ti.

Comenzarás esta aventura de cambio de hábitos comprando una libreta bonita y anotando en ella tus pensamientos negativos, esos que te frustran o te roban la energía. Al lado apuntarás los positivos, es decir, los antídotos. Además de empezar a enfocarte en los pensamientos positivos, también te mostraré cómo acostumbrar a la mente a ver lo bueno que hay en cada cosa que te sucede.

2. Sustituye el azúcar y el café

Cada mes trabajaremos un nuevo hábito. Durante el segundo mes te voy a proponer que sustituyas el azúcar y el café por otros productos más saludables. Estamos muy acostumbrados a tomar café y azúcar porque parece que nos dan energía, pero a la larga nos desgastan y nos la quitan. Te enseñaré que el azúcar se puede sustituir por endulzantes naturales que te dan energía a corto y a largo plazo. Y el café por tés de buena calidad o cafés de cereales.

3. ¡Organización!

En tu vida seguro que tienes que estar pendiente de mil cosas: las exigencias del trabajo, el cuidado de los niños, la compra, el mantenimiento de la casa, la familia, el colegio, etcétera, etcétera. Si a menudo tienes la sensación de caos, de que estás sosteniendo mil platillos en movimiento y que en cualquier momento se pueden empezar a caer, necesitas poner en marcha un nuevo sistema de organización personal. Esto te permitirá vivir menos estresada. Cualquier sistema que te vaya bien es válido, pero te voy a recomendar el que a mí me funciona. Es muy sencillo, pero increíblemente eficaz. Y sólo necesitarás una libreta para volcar en ella todas tus tareas y objetivos, tanto inmediatos como a largo plazo, y una agenda para marcarte un calendario. Es un sencillo método en cuatro pasos que te va a facilitar mucho la vida.

4. Todo empieza con el desayuno

Seguro que habrás oído eso de «desayuna como un rey, come como un príncipe y cena como un mendigo». En este cuarto mes de tu nueva forma de vida vamos a ponerlo en práctica. Veremos cómo desayunar de forma consistente. Al principio te costará levantarte un cuarto de hora antes o dejar preparada una crema de cereales la noche anterior, pero luego lo agradecerás. Vas a introducir desayunos que te darán energía estable para toda la mañana. ¡En poco tiempo notarás los cambios!

5. Compra con sentido

Este capítulo es muy importante, pues para empezar a tener más energía, tanto tú como toda tu familia, tendrás que cambiar algunos hábitos nutritivos (lo verás en el capítulo 6), pero primero tienes que cambiar la cesta de la compra. E incluso la manera de comprar. Ahora vas a comprar pensando en lograr un buen equilibrio nutricional y energético. Insisto, no es necesario hacerlo todo perfecto de golpe. Ah, y empieza contigo, luego ya seguirás con la familia.

6. No hagas dieta, ¡cambia tu forma de comer!

Seguro que has probado algunas dietas. Y casi seguro que al final ninguna te ha acabado de funcionar, por una cosa u otra. Pues bien, se acabaron las dietas. Te propongo algo mucho mejor y con resultados garantizados: un cambio de hábitos nutricionales. Al principio tendrás que hacer un esfuerzo, pero si cambias tu forma de comer nunca más necesitarás hacer dieta. ¿Y si como cada día fuera de casa?, pensarás. No hay problema: te enseñaré también a mejorar tu forma de comer fuera de casa, incluso a preparar tuppers sencillos. Y a alimentarte mejor durante los viajes de trabajo.

7. Tu cuerpo necesita moverse: haz ejercicio

Si llegas hasta aquí (y estoy convencida de que lo harás porque has firmado un contrato contigo misma) tendrás más energía, además de más claridad mental y más optimismo vital. Es un buen momento para cuidar aún más tu cuerpo y ponerte en forma. Si tienes poco tiempo, te bastará con una rutina corta al día. Y si tienes más tiempo, mejor, pero ten en cuenta que es preferible poco y seguido que mucho pocas veces. Notarás una mejora física y te sentirás bien contigo misma, porque si tonificas tus músculos, también tonificas tu vitalidad y tu autoestima.

8. Conecta con tu silencio interior

Es probable que hayas oído hablar de la meditación y que en algún momento hayas pensado: «Esto me hace falta. Necesito ir más tranquila por la vida». Y es que el ruido exterior y el interior no nos dejan ni un momento de verdadera calma. Por eso necesitamos mirar hacia dentro. En este octavo mes del cambio te voy a enseñar cómo calmar la mente y oxigenarte para tener más claridad mental. Buscar tu silencio durante unos minutos al día te ayudará a afrontar la vida con otra actitud y a acceder a todo tu potencial como mujer y como ser humano.

9. Escucha a tu cuerpo... ¡y hazle caso!

Puede que estés en los treinta y planteándote tener hijos, o que ya los tengas; o en los cuarenta y tantos y acercándote a la menopausia; o incluso más allá de los cincuenta y en plena menopausia. En cualquiera de los casos, tu equilibrio hormonal como mujer es básico para tu bienestar. Por eso aquí vamos a ver cómo prestar más atención al cuerpo y cómo cuidarlo para que produzca en cada momento de tu vida las hormonas que necesitas. Tus ciclos hormonales dependen en gran medida de tus hábitos. Si te cuidas bien (reduciendo el estrés, eliminando el azúcar y café, disminuyendo o eliminando el consumo de alcohol, etc.), no tendrás que tomar fármacos para enmascarar los síntomas de tus ciclos hormonales, tus reglas, la premenopausia y la menopausia, sino que los vivirás como un proceso normal.

10. Cuidado con los tóxicos

A estas alturas del programa de cambio de hábitos te sentirás como una mujer totalmente nueva. De todos modos, aún quedan cosas por hacer. Si quieres un estado físico, mental y emocional más equilibrado, intenta reducir en lo que puedas el consumo de alcohol y sustitúyelo por zumos naturales, agua, infusiones, etc. Las bebidas alcohólicas, en especial los destilados con azúcar, resecan los tejidos, te acidifican y degeneran el sistema nervioso. No temas parecer un bicho raro: te estás cuidando, y eso es mucho más importante que lo que piensen los demás.

11. Descansa bien y regenérate

El descanso es fundamental para regenerarte y tener energía vital. Por eso aquí veremos trucos para tener platos semipreparados y poder cenar temprano y de forma ligera. Recuerda: desayuna como un rey, come como un príncipe y cena como un mendigo. Verás que es mejor cenar platos calientes para facilitar la digestión, cremas de verduras y sopas, preferentemente. Puedes prepararlas para varios días y así ganas tiempo. Ah, y veremos otras formas de mejorar el sueño: sacar las pantallas y los aparatos electrónicos del dormitorio, relajar la mente con unas respiraciones o unos estiramientos antes de meterse en la cama, etc.

12. ¿Sexo? ¡Ahora sí!

Si llegas hasta aquí (insisto: estoy segura de que lo harás), tendrás más energía, te sentirás mejor con tu cuerpo y aumentará tu vitalidad y tu deseo sexual. No obstante, puede que sigas teniendo una libido baja. A medida que cronificamos el cansancio y nos hacemos mayores puede ocurrir que el deseo sexual disminuya, sobre todo si no cuidamos como merecen nuestros órganos sexuales. Así pues, veremos cómo trabajar con una serie de ejercicios el suelo pélvico, una zona que se debilita con los embarazos, los partos y el cansancio. Ahora tendrás más ganas de sexo, ¡y lo disfrutarás mucho más!

FICHAS PRÁCTICAS

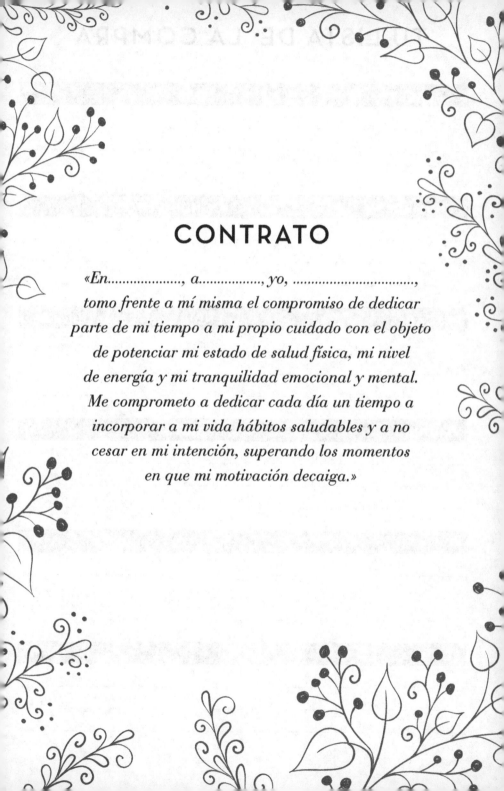

CONTRATO

«En...................., a................., yo, ...,
tomo frente a mí misma el compromiso de dedicar
parte de mi tiempo a mi propio cuidado con el objeto
de potenciar mi estado de salud física, mi nivel
de energía y mi tranquilidad emocional y mental.
Me comprometo a dedicar cada día un tiempo a
incorporar a mi vida hábitos saludables y a no
cesar en mi intención, superando los momentos
en que mi motivación decaiga.»

TU LISTA DE LA COMPRA

CEREALES

ALGAS

LEGUMBRES

CONDIMENTOS

PESCADO

ENDULZANTES NATURALES

VERDURA

BEBIDAS

FRUTA

OTROS

SEMILLAS

MENÚ SEMANAL

	DÍA 1	DÍA 2	DÍA 3	DÍA 4	DÍA 5	DÍA 6	DÍA 7
DESAYUNO							
COMIDA							
CENA							

MENÚ DIARIO

DESAYUNO	MEDIA MAÑANA	COMIDA	MEDIA TARDE	CENA

PENSAMIENTOS NEGATIVOS	PENSAMIENTOS POSITIVOS

OBJETIVO..

DÍA 1	
DÍA 2	
DÍA 3	
DÍA 4	
DÍA 5	
DÍA 6	
DÍA 7	
DÍA 8	
DÍA 9	
DÍA 10	
DÍA 11	
DÍA 12	
DÍA 13	
DÍA 14	
DÍA 15	
DÍA 16	
DÍA 17	
DÍA 18	
DÍA 19	
DÍA 20	
DÍA 21	
DÍA 22	
DÍA 23	
DÍA 24	
DÍA 25	
DÍA 26	
DÍA 27	
DÍA 28	
DÍA 29	
DÍA 30	

RECETA

LISTA DE INGREDIENTES

....

....

....

MODO DE PREPARACIÓN

....

....

....

SOBRE ESTA RECETA ES INTERESANTE SABER

....

....

....

OBJETIVOS DEL AÑO

OBJETIVO 1

....

....

OBJETIVO 2

....

....

OBJETIVO 3

....

....

OBJETIVO 4

....

....

FRASES MOTIVADORAS

....

....

....

....

....

....

....

LISTA DE «MIS RECETAS FAVORITAS»

FELICIDADES

Nombre

por completar el programa.
Tú y los que te rodean estaréis disfrutando de
los resultados de tu coraje y tus buenos hábitos.

RECUERDA: SÉ CONSTANTE, APLÍCALO DÍA A DÍA PARA QUE SE CONVIERTA EN ALGO PERMANENTE Y TE SIENTAS DUEÑA DE TU CUERPO Y DE TU VIDA.

COMPARTIR EXPERIENCIAS

Si quieres compartir tus experiencias con otras mujeres para inspirarlas y motivarlas, puedes rellenar esta ficha.

Nombre

E-mail

Retos alcanzados

Mejoras obtenidas

Recetas que quiero compartir

Anécdotas que quiero compartir

Fotos que quiero compartir

Puedes rellenar esta ficha y enviarla por e-mail a info@sienteteradiante.com
¿Quieres recibir cada semana un consejo saludable por e-mail?
Regístrate en www.sienteteradiante.com/blog

Agradecimientos

Gracias a todas las personas que creen que con mi experiencia y conocimiento puedo aportar algo, porque ellas me animan a hacerlo.

Gracias a mi familia, por estar siempre ahí, a mi agente, Marta Sevilla, por sus expertos consejos; a Josep López, mi coach literario, por su ayuda para que mis ideas tomen forma, y a mis editores, Carlos Martínez y Laura Álvarez, por creer en este libro antes de que existiera.